外汇

投资入门
实战演练

FOREX INVESTMENT

邓翊震/著

经济管理出版社
ECONOMY & MANAGEMENT PUBLISHING HOUSE

图书在版编目（CIP）数据

外汇投资入门实战演练/邓翊震著. —北京：经济管理出版社，2020.4
ISBN 978-7-5096-7062-0

Ⅰ.①外… Ⅱ.①邓… Ⅲ.①外汇—投资—基本知识 Ⅳ.①F830.92

中国版本图书馆 CIP 数据核字（2020）第 038334 号

组稿编辑：勇　生
责任编辑：勇　生　姜玉满
责任印制：黄章平
责任校对：张晓燕

出版发行：经济管理出版社
　　　　　（北京市海淀区北蜂窝 8 号中雅大厦 A 座 11 层　100038）
网　　　址：www.E-mp.com.cn
电　　　话：（010）51915602
印　　　刷：三河市延风印装有限公司
经　　　销：新华书店
开　　　本：720mm×1000mm/16
印　　　张：15.5
字　　　数：261 千字
版　　　次：2020 年 8 月第 1 版　2020 年 8 月第 1 次印刷
书　　　号：ISBN 978-7-5096-7062-0
定　　　价：48.00 元

前 言

对于投资者来说，能够连续 24 小时不间断地进行外汇交易，是最为理想的投资方式。因为在国内，利用碎片化的零散时间进行创业和投资已经是一个大的方向，尤其是中西方之间的时差，更是为众多国内投资者找到了一个新的投资方向——全球化的外汇和贵金属投资。随着全球经济一体化的逐步加深，这一投资方向越来越明晰，原本只属于西方人的投资品种，如贵金属、原油、外汇等各种投资品种，随着国内人民生活水平的不断提高，越来越多地走入了寻常百姓家。

近年来，美国不断挑起的贸易战以及英国脱欧等，更是让美元指数上蹿下跳，世界各国的主要货币对美元走势的波动空间加大。相比外汇保证金交易，还没有哪一种交易形式能够提供如此灵活的交易方式。目前，外汇市场交易量达到了 5 万亿美元的水平，并且还在稳步攀升。在我国，国家外汇管理局公布的 2018 年外汇市场交易数据显示，在 2018 年 1~12 月，我国外汇市场累计成交了 192.97 万亿元人民币，相当于 29.07 万亿美元。并且，这一数据在 2019 年上半年依然在节节攀升。外汇投资已经成为当前流动性极强且获利潜力很高的投资品种。

如此庞大的外汇交易市场，任何投资者都不会轻易错过这一投资机会。

外汇保证金交易，交易手段灵活，并且交易费用很少，投资门槛很低，投资者若能涉足其中，获得高额回报的潜力是巨大的。与盈利潜力高对应的是，外汇交易的风险也很大。汇价波动的频繁程度是投资者难以想象的。能够在汇市长时间生存下来并且能够获利的投资者还是比较少的。正如二八法则所说，总有 20% 的人能够"存活"在汇市中。因为要想投资获利，无论是什么品种，投资什么，总是有技术准备的人能够最终实现获利。

正是出于这一目的，我们特编写了此书，目的就是要教给投资者一个有效的技术盈利方法，使投资者成为那仅有的 20% 中的佼佼者。外汇交易的风险虽然很高，但运用成熟有效的交易策略，并且配合有效的资金管理方法，投资者同样可以获得高额回报。

在外汇交易市场中获得利润，关键在于准确把握好汇价波动的趋势。影响汇价波动趋势的因素很多，本书中介绍了影响货币走势的诸多因素，相信对投资者判断汇价行情会有很大帮助。

要想准确把握好汇价的波动趋势，还要有一套有效的风险管理策略。本书最后一章所讲的内容，涉及资金管理的风险承担问题、止损或止盈问题、成功率与获利率问题以及金字塔建仓方式等。这些原本在股票和期货交易中都有涉及的内容，在外汇交易中同样非常重要，能够准确地判断汇价的趋势波动，是获利的一个重要的技术支撑因素。更重要的内容还在于，投资者可以在任何情况下合理地建仓，并且获得尽可能多的回报。金字塔建仓方式为投资者提供了如何有效地建仓以及怎样进行止盈和止损的设置，为投资者扩大收益奠定了基础。

除了资金管理方面内容，书中重点介绍了常用技术指标的有效分析方法。例如 MACD 指标、RSI 指标、K 线指标、均线指标、斐波那契分析、形态分析等。结合最新的汇价走势以及指标的运用方法，指标提供的买卖信号是有效而实用的。

考虑到多数投资者对外汇交易还比较陌生，选择合适的交易软件是外汇交易的关键准备工作。关于外汇交易软件的选择，书中都有介绍。特别是 MT4 平台的介绍更为详细。因为目前来说，MT4 平台是全球应用最为广泛的一款交易软件，并且是免费使用的。但是鉴于当前国内的投资平台鱼龙混杂的局面，我们特意介绍了如何识别真假交易软件的内容，以期让普通投资者在外汇投资中能够选择一款安全、可靠的投资平台，进行有效的投资。

对于初入汇市交易的投资者，首先，由于外汇交易是一种高风险、高收益的交易品种，所以应该将对外汇交易的风险控制放在第一位；其次，是交易中获得投资利润的问题。这一点不仅适用于外汇交易，任何一种投资品种都适用。只要是控制好交易风险，获利则是早晚的事情。因为盈利模式是多种多样的，不同的投资者可以选择不同的交易模式，根据本书提供的各种交易模式，利用生活中碎片化的零散时间，投资者就可以在实际操作中摸索出一套更适合自己的交易方法，实现最终的投资获利。

世上无难事，只怕有心人。只要你能够充分利用好自己生活中那些零散的碎片化时间，只要敢于拿出并不多的启动资金，进行外汇投资，从此将开启自己不一样的人生，因为成功不仅是创业，投资也是一条自由地实现自我人生价值的成功之路。

目 录

第一章　认识外汇交易

外汇交易市场总体来说是个"有市无场"的交易方式。通过互联网，投资者只需要连接到网上交易平台，就能够参与每天高达 5 万亿美元的外汇交易了。外汇交易市场的流动性非常惊人，有方法、有耐心的投资者能够成为其中的赢家。虽然外汇市场并不创造利润，是零和博弈的交易场所。但是，投资者只要参与其中，就会发现盈利其实很容易做到。外汇交易市场中，24 小时滚动交易模式，为投资者提供了无数的盈利机会。只要买卖价格合理，投资者获利是不成问题的。

第一节　外汇交易市场概况

一、世界主要外汇交易所介绍

世界主要的外汇交易市场，位于美国的纽约、欧洲的法兰克福、伦敦和苏黎世、亚洲的东京、中国香港和新加坡。

1. 伦敦外汇市场

伦敦外汇市场是建立最早的世界性市场。该交易市场不仅历史悠久，而且拥有世界先进的现代化电子通信网络，是全球最大的外汇交易中心。

据测算，在英国交易的美元总额是在美国本土交易的美元总额的两倍，在英国交易的欧元总额比在所有欧元区国家交易的欧元总额的两倍还多。最大的交易货币对是英镑/美元的交易，其次是英镑/欧元和英镑/日元的交易。除了英镑相关的货币对外，交叉盘相关的交易也很多。

伦敦外汇市场虽然没有固定的交易场所，但是通过先进的电信网络设备服务，不同地域的外汇交易商之间能够进行高效的数据传输，迅速有效地完成即期外汇和远期外汇买卖。

从交易时间来看，伦敦外汇交易市场，既承接了以日本东京为代表的亚洲交易市场，又先于美国纽约外汇交易市场。这样一来，承上启下作用的伦敦外汇交易市场，固然是世界上非常重要的外汇交易中心。伦敦外汇交易时段，交易量非常庞大，并且容易形成汇价波动的主要趋势，投资者把握好这个交易时段很容易获得高额回报。伦敦交易时段出现的大趋势，也很容易在美国纽约交易时段得到延续，这值得投资者关注。

2. 纽约外汇市场

纽约外汇市场是与伦敦外汇市场并驾齐驱的两大市场之一，也是世界外汇市场的结算中心。纽约外汇市场也是一个无形的市场，是通过先进的通信，将银行同业清算系统与联邦储备银行支付系统连接，进行外汇交易。

在纽约交易市场，美国政府并不对交易上设限制，几乎所有美国银行和金融机构都能够经营外汇业务。当然，美国国内商业银行和众多国外银行分支机构，是外汇买卖的主力军。银行外汇交易量能够达到总成交量的90%以上。

在纽约交易市场，外汇交易几乎很少与外贸相关，交易更多的与金融期货市场关系紧密。

在1978年，美国对外汇市场进行了三项改革，分别是允许银行之间进行外汇交易、允许外汇经纪人接受国外银行的外汇报价和出价、采用间接标价法。这三项改革促进外汇交易蓬勃发展。目前为止，美国纽约外汇交易市场实际上已经成为世界美元的清算中心，任何交易市场都无法取代这一地位。

纽约外汇市场交易的货币主要是欧元、英镑、加元和日元等。其中，欧元更是以40%的份额名列榜首，其次是日元和英镑，分别占据20%左右的份额，加元交易量相对小一些。

3. 东京外汇市场

东京外汇市场也是一个无形市场，交易者通过通信设备联网即可进行交易。东京外汇交易市场虽然不能与伦敦和纽约相比较，但也算是一个区域性的外汇交易中心。日本的出口贸易量很大，对外汇的需求也很高。这样一来，外汇价格经常受到外汇出口商投机影响。

从交易的货币来看，东京外汇市场交易的主要是与美元和日元相关的交易。

这是因为，日本贸易主要是以美元进行结算的，日元与其他货币的交易相对较少，因此，日元与美元的交易占据交易量的90%以上。

从交易者构成来看，东京外汇市场的参与者主要是外汇银行、外汇经济商、非银行客户和日本银行。东京外汇市场在伦敦外汇市场和纽约外汇市场之前开盘，是推动外汇价格波动的首个主要交易场所。

4. 新加坡外汇市场

新加坡是日本东京后非常重要的外汇交易市场。从交易量上来看，近年来新加坡的交易量已经与日本东京外汇交易市场不相上下。

新加坡地处欧亚非三洲交通要道，占尽时区优势。上午可与香港、东京、悉尼进行交易，下午可与伦敦、苏黎世、法兰克福等欧洲市场进行交易，中午还可同中东的巴林、晚上同纽约进行交易。

新加坡外汇市场与世界主要外汇市场一样，也是一个无形市场。新加坡外汇交易市场，大部分是经过经纪人来完成的。交易的货币主要是美元，占交易量的85%以上。汇价以美元来报价，非美元货币可以通过计算得出。

参与新加坡外汇市场的交易者，主要是国内银行、外国银行在新加坡的分支机构、新加坡金融管理局和其他政府机构、企业和个人等。

5. 中国香港外汇市场

20世纪70年代以前，中国香港外汇市场的交易以港币和英镑为主。之后随着港币与英镑脱钩并且与美元挂钩，美元成了市场上交易的主要外币。中国香港外汇市场主要涉及港币和美元的交易，以及美元和其他货币之间的交易。

中国香港的金融业发达，是远东地区重要的金融中心。从20世纪70年代发展起来的外汇交易，已经使香港成为世界第五大外汇交易中心。从时区上来看，中国香港和新加坡的时区非常接近，是沟通全球市场的中间环节。

中国香港外汇市场由两个部分构成：一是港元兑外币的市场，其中包括美元、日元、欧元、英镑、加元、澳元等主要货币和东南亚国家的货币。当然也包括人民币。二是美元兑其他外汇的市场。这一市场的交易目的在于完成跨国公司、跨国银行的资金国际调拨。

在中国香港外汇市场中，美元是所有货币兑换的交易媒介。港币与其他外币不能直接兑换，必须通过美元套购，先换成美元，再由美元折成所需货币。

6. 苏黎世外汇市场

瑞士是一个永久中立的自由经济国家，不仅政局稳定，在保护私人财产方面是公认的资金安全存放地。瑞士对资本流入和流出限制很少，这也增加了瑞士作为国家资金分配中心的地位。

从历史上看，瑞士法郎就是非常稳定的货币。历史上瑞士法郎只是在1936年和1971年出现过贬值和升值，即便在第二次世界大战期间，瑞士法郎的币值都很稳定。先进的交易手段的运用，也使苏黎世成为举世瞩目的世界外汇交易中心。瑞士对外汇的管制非常宽松，是比纽约更重要的清算中心。

苏黎世外汇市场没有外汇经纪人，所有外汇交易都在银行同业之间直接进行，参与的外汇银行有瑞士银行、瑞士信贷银行、瑞士联合银行等，还有外国银行在瑞士的分行、国际清算银行和瑞士中央银行即瑞士国家银行。

苏黎世外汇交易中心，主要是瑞士法郎对美元的交易，对其他货币通过美元进行交叉买卖。可以说，瑞士法郎/美元的外汇交易，是苏黎世外汇市场的主要汇率，瑞士法郎对其他货币的汇率也以美元进行套算。

7. 法兰克福外汇市场

法兰克福是德国中央银行（德国联邦银行）所在地。与其他的外汇交易市场不同，法兰克福外汇市场分为订价市场和一般市场。订价市场的参与者是外汇经纪商进行撮合交易，分属于法兰克福、杜塞尔多夫、汉堡、慕尼黑和柏林五个交易所。外汇经纪商受各家银行外汇交易委托，在撮合中进行交易。汇价向平衡阶段发展，直到价格达到买卖双方认可的程度为止。如果外汇价格没能达到平衡，那么德国中央银行将进行干预，直到汇价平衡为止。

法兰克福外汇交易市场，交易的主要是美元/欧元的交易。其中，70%是即期外汇交易，30%是远期外汇交易。法兰克福外汇交易市场涉及的主要货币，是欧元、美元、瑞士法郎和英镑。鉴于法兰克福外汇交易时段处于亚洲和美国时段之间，其承上启下效果非常值得关注。法兰克福外汇交易市场出现的价格，往往是汇价新一轮行情的起始点。通过分析法兰克福这一时段的汇价走向，投资者能够得到关于价格波动方向的有效数据。

二、外汇市场交易时间

世界主要外汇市场交易时间如下：

英国伦敦外汇交易市场：北京时间 15：30~00：30

美国纽约外汇交易市场：北京时间 21：00~4：00

日本东京外汇交易市场：北京时间 8：00~14：30

新加坡外汇交易市场：北京时间 9：00~16：00

中国香港外汇交易市场：北京时间 9：00~16：00

瑞士苏黎世外汇交易市场：北京时间 14：00~23：00

德国法兰克福外汇交易市场：北京时间 15：30~00：30

世界外汇市场是 24 小时滚动交易的，而投资者可以选择的交易机会很多。在 24 小时滚动交易的过程中，投资者可以选择亚洲时段进行买卖，当然也可以选择价格波动较大的欧洲和美国时段交易。

不同交易所的交易时间有重叠的情况，最重要的重叠交易时段，出现在北京时间晚间的美国和欧洲交易时段。这个时候，汇价波动空间相当高，投资者可以在这个时段获得丰厚收益。

总体来看，北京时间 8：00~12：00，是行情比较清淡的亚洲时段。这个时候，汇价波动空间较小，价格波动多数是对主要行情的调整，而不是汇价波动的真正趋势。这样一来，投资者要想在这一时段获得较高回报，显然不容易做到。

在这一时段，投资者可以考虑根据价格变化早些建仓，以便在欧洲时段获得利润。

在北京时间 18：00~20：00 开盘之前，这一时段是对欧洲汇价波动的调整阶段。在北京时间 20：00 后美国时段来临之前，汇价多以波动较小的走势进行调整。

很多欧洲时段获得利润的投资者，都会考虑在美国时段来临之前兑现收益。因此，汇价在这一时段的调整不容忽视。

在美国时段来临以后，汇价的波动空间就比较高了。特别是在 20：00~24：00，是汇价波动空间比较高的时段，也是一天当中投资者最能获得高额回报的时间段。

第二节　外汇交易的特点

一、流动性超强

外汇市场的交易量很大，24 小时中随时都有买卖成交。根据外汇结算集团 CLS 的统计显示，就在 2013 年的 1 月，外汇市场日交易量已经高达日均 5.19 万亿元，相比 2012 年 12 月增长了高达 12.6%。从交易手数上来看，总平均交易数比 2012 年 12 月增长 40.6%，达到了 1244505 手交易。

在庞大的交易金额和交易量面前，投资者的买卖操作非常容易成交。从流动性上来看，再没有比外汇市场更好的交易场所了。外汇市场的交易量庞大，基本不存在流动性风险。外汇交易风险主要来自价格频繁无序波动。不过在汇价宽幅波动的同时，也为投资者创造了更多的交易机会。

二、24 小时滚动交易

每周连续 5 天 24 小时进行交易，是外汇市场的优点之一。除了周末的两天，投资者在 5 个交易日中可以时时交易、随时获利。如果有能力，可以在任何一个时刻交易并且获得利润。当然，24 小时滚动交易，并不是说投资者可以连续交易 24 小时。灵活的交易时间，为打算进行外汇交易的投资者创造了机会。不管是全职还是兼职，24 小时的滚动交易，都能为投资者提供不错的操作时间。

三、杠杆很高

外汇交易的魅力就在于，利用杠杆手段放大交易量，增加投资者获利空间。如果外汇交易是 100∶1 的杠杆的话，那么投资者只需要 100 美元的资金投入，就能够买卖价值高达 10000 美元的货币。善用杠杆的投资者，总是能够在恰当的时间放大交易量，创造更多的利润。

并不是所有交易商都提供 100∶1 的杠杆，很多交易商提供的杠杆比例要明显高于前者。实际上，投资者资金量虽然有限，杠杆却轻松放大了资金利用效率。真实的外汇交易中，投资者并不缺乏开仓资金。在控制风险合理的水平上，杠杆放大资金效率已经足够高，只要看准了方向并且开仓，获利很容易。

四、交易费用低廉

外汇交易平台之所以这么被投资者接受，是因为交易成本比较低，往往一笔交易之间的点差小于 0.1%，而如果你到比较大的外汇交易商那里可能拿到低于 0.07%的点差，这对于投资者来说无疑又是一个非常好的特点，成本低也就意味着风险低，谁都愿意选择成本低的来投资，而利润的多少则是根据自己的资金实力来看的。

五、零和博弈

股票市场的股票价格涨跌，代表了价值的升高或者降低，而外汇市场上的汇价波动，却不代表价值的变化，仅仅表明资金在不同投资者之间发生了转移。从这个角度来分析，投资者参与的外汇市场交易，只是零和博弈。外汇市场是资金再分配的市场，而不是创造价值的市场。

在外汇市场里，投资者首先要做的事情，并非拿到别人腰包里的钱，而是先看好自己口袋里的钱。既然汇价在波动，投资者买卖外汇就有获利的机会，关键在于能否把握这种盈利机会。

两种货币的比价在不断变化，不变的是参与外汇买卖的投资者越来越多，资金量越来越庞大。在外汇市场里捞金，需要胆识更需要耐心。

六、抗操纵性

外汇市场的交易量大，交易的外汇价格很难被大机构操控。机构投资者的资金虽然庞大，但是相比较日成交量 5 万亿美元，实在不能与之相比较。

外汇市场交易量高，流动性很强，即便很小的操作机会，也会被投资者发现。因此，企图操作外汇价格的机构投资者，在操作价格的过程中，将被视为改变多数投资者盈利状况的最大威胁者，显然不会被看好。

股票以及流动性较差的期货市场，可能会存在价格操作问题。外汇交易市场，不可能被某一个投资者操作。外汇市场的抗操作风险非常强，是对散户绝对有利的市场。

七、有市无场

金融业的交易可以通过集中买卖的交易所进行交易。像全球各个国家的股票市场，就是有交易场所的交易方式。股票的交易是有市有场的交易，外汇交易则完全不同。通过互联网，外汇交易可以在全球任何地方进行买卖。外汇每天上万亿美元的交易量，都是在没有集中交易场所，也无中央清算系统管制下完成的。

有市无场的外汇交易，为任何一位想参与外汇交易的投资者创造了条件。汇价波动情况复杂多变，而投资者只要想在交易的时候联网，便能够完成买卖过程。全球外汇市场的汇价波动都是一样的，投资者可以在这种公平的交易平台中获得交易利润。

第三节　选择外汇交易商的原则

一、最小入金量

选择入金量比较小的交易商，投资者更容易进入外汇交易市场。不同的交易商最小入金①量是不同的，最为理想的入金量，应该在 300~500 美元，这样折合人民币也就在 2000~3000 元。对于不同的投资者而言，2000~3000 元的资金量，已经是可以承受的资金条件了。

通过比较显示，主要外汇交易商的最低开户资金都在 300 美元以上。也有少部分交易商对资金要求很低，这有助于投资者快速进入外汇交易市场。像 FXCM、FXBTG 入市资金为 300 美元，而 MG Forex 入市资金为 500 美元，FX Solutions 入市资金为 250 美元。

---

① 本书的入金就是外汇投资开户之后将资金投入市场的过程，入金之后，交易者就可以在外汇市场中进行交易了。

二、付款类型

多数交易商对付款要求并不高，至少有银行付款、信用卡付款、paypal 付款等。到账时间不同，并且手续费不同，最理想的选择还是信用卡付款，到账时间很短，并且没有任何手续费用。

三、手续费

外汇交易过程中，费用的产生一般是以点差和利息的形式存在的。点差是投资者买卖外汇时收取的费用，点差大小就代表了费用的高低。而利息则是投资者持有买卖头寸并且过夜的时候产生。利息可以是费用，也可以是收益，这要看投资者买卖的货币对以及开仓方向。

外汇价格波动空间很大，很多交易商的点差都在 3 个点以下，而主流货币的点差可能会更低。如果投资者并没有频繁操作，那么交易点差的影响可以很小。并且，相对于汇价波动创造的利润，利息收益可以忽略不计。除非投资者以炒单的方式来进行外汇交易，点差的重要性很重要。如果投资者只是想获得趋势中大部分利润，却对频繁的炒作不感兴趣，那么点差的重要性可能不会那么大。

四、交易平台

外汇交易商都能提供给投资者一个理想的交易平台。在这个平台上，投资者可以进行外汇交易，当然也可以进行大宗商品、股指以及价差指数的交易。在实盘交易之前，投资者可以免费开一个模拟账户，以便能够适应与实盘价格走势一样的交易过程。

常见的交易平台是 MT4。该交易平台在很多交易商中都可以见到，是投资者能够熟练掌握并且灵活运用的平台。

五、交易商的声誉

外汇市场是一个不受管制的市场，并且外汇交易并不存在实际上的交易所，因此选择好的外汇交易商至关重要。外汇交易商受到监管部门管理，其一举一动都是投资者关注的重点。实际上，外汇交易商必然是美国期货佣金商（FCM）、美国商品期货交易所 CFTC 和美国期货协会的会员。只有能在相应网站查到的交易商，才是合法的交易商。

外汇交易之前，投资者必须选择合法的交易商。因为外汇保证金交易在国内并不存在，选择的外国交易商必须是经过注册的才行。这对于保证资金安全至关重要。

六、交易杠杆

交易平台的杠杆大小，也是投资者资金利用效率的保证。如果杠杆比较大，投资者又能够充分利用，那么可以获得比较理想的买卖效果。实战当中，高杠杆总是对应着高回报，但是投资者应该灵活运用才能够最终获得利润。

交易平台提供的杠杆一般会在 100~500 倍。这样杠杆率已经足够投资者买卖外汇了。当然，杠杆率高并不意味着投资者可以尽可能多地开仓。因为重仓交易的风险是很高的，并且有爆仓的可能。判断是否为一个好的交易商，高杠杆并非唯一的条件。

七、点差

选择一个好的交易商，比较低的点差适合投资者短线操作。一般的投资者而言，买卖外汇都只是短线的交易。这样一来，比较小的点差能够为投资者节省不少的费用，减少操作中遭受损失的概率。

交易商提供的点差有些较高，多达五个点甚至更高。有些交易商提供的点差很小，也许只有不足一个点差。高点差意味着投资者的交易费用很高，并不容易获得利润。较低的点差，或者需要投资者投入更多的资金开仓，或者交易平台就存在很多猫腻。交易商就是靠点差来赚钱收益的，如果点差特别小，交易商不能获得应得的回报，就会在平台上做手脚，为投资者盈利制造不必要的障碍。

第二章　MT4 交易平台

MT4 交易平台，是指一款适用于外汇、CFD 和期货市场的国际通用的市场行情接收软件，包括先前系统所有的特点，并且对这些功能和组成部分进行了进一步的介绍和重组。MT4 交易软件中由迈达克软件公司发布，免费试用，有中文界面显示，是目前全球使用最广泛的一个投资外汇、股票、期货和贵金属的系统。

第一节　MT4 概述

一、迈达克软件公司

迈达克软件公司是一家为金融市场提供软件产品的公司，类似于国内的同花顺、大智慧等软件公司。公司自成立以来，一直专注于研发金融外汇、CFD 及期货市场中的系统软件，提供了专业的交易工具以及高素质的在线自动交易平台。

一直以来，迈达克软件公司以其创新的设计，高品质的服务，可靠性的交易，成为全球金融市场上一家优质软件的供应商。目前，迈达克软件公司已在俄罗斯、新加坡、塞浦路斯等地开设了办事处。迈达克公司以其海纳百川的胸怀，拥有了一大批优秀的高素质员工。

迈达克软件公司一直致力于不断完善在线交易软件，以成为世界一流的交易平台作为目标，让交易软件在使用上变得更加简单和便捷。

迈达克软件公司的软件在线服务也得到了长足的发展，其中，MT4 中国就是最为典型的例子。因为作为一家国际软件公司，其 MT4 软件竟然拥有便利于中国投资者使用的中文版本。

同时，迈达克软件公司的脚步不止于 MT4。据悉，早在 2009 年末，迈达克软件公司推出市场的 MT4 的再次升级版本 MT5，目前正在测试中，这对于广大投资者来说，无疑是一个好消息。

因此，投资者在进行黄金、白银或外汇等交易时，可选择由迈达克软件公司为投资者提供的 MT4 交易软件。

二、MT4 交易平台

MT4 是 MetalTrader4 的简称，是由迈达克软件公司研发的一款客户终端——交易平台（见图 2-1）。MT4 交易平台的软件页面简洁，操作起来十分方便，而且功能十分强大，主要是投资者在根据软件观察行情时，可以通过软件提供的建仓、平仓等功能简单操作，实用性很强。同时，投资者还可以通过止盈和止损的设置来进行风险控制。

MT4 交易平台除了为投资者提供了实时行情和交易功能外，还提供了 9 个交易时段图表选项、18 种画线工具、30 种国际流行技术指标和声音预警提示。用户可以通过这些功能进行下单、限价单、平仓、止损、止盈，同时还可以查看实时新闻、预警、公告、相关报表，以及数据分析和处理等操作。

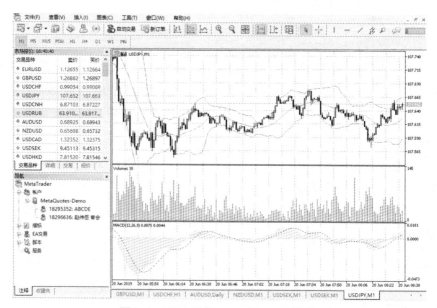

图 2-1　MT4 平台——USDJPY 1 分钟

因此，MT4 的功能是强大的，但是软件占用的计算机资源却很少，并且运行速度快，还能够下载历史数据和图表，目前，全球已有超过 80% 的经纪公司和来自全世界数十个国家的银行选择了 MT4 交易软件作为自己的网络交易平台。全球有超过 90% 的零售交易量是通过 MT4 平台完成交易的。

其中，MT4 平台分为 FXSOL 的 MT4 平台和 FXCM 的 MT4 平台两种。环球金汇网目前是亚太区最早、客户规模最大的一级经纪商，是 FXCM 集团和 FXSOL 集团亚太区最大的两家代理商。

第二节　软件下载和安装

一、软件下载安装

由于网上假的 MT4 软件较多，所以在下载 MT4 时一定要谨慎，要选择官方的网站来下载，这样才能完整地显示出外汇的走势行情。因为许多虚假的 MT4 软件中的行情显示都不够完整，甚至功能不全，更有甚者，在虚假的 MT4 软件上进行交易，则有可能造成资金的损失。所以，在下载 MT4 软件时，一定要选择在正规的迈达克官网下载。

MT4 的官方网址是：https：//www.metatrader4.com/zh/mobile-trading/android。

只要在网页上复制以上网址，然后搜索，页面就会自动跳转到迈达克官网的 MT4 网站，如图 2-2 所示。

这时，只要点击网页左上角处的图，如图 2-2 中 A 区域的图标，就会向下跳出一个对话框，在对话框中可以看到"下载"一栏，如图 2-3 所示。

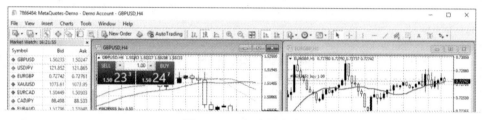

图 2–2　MT4 官网（1）

图 2–3　MT4 官网（2）

　　这时，只要鼠标对准"下载"，点击左键，页面就会出现图 2-4 中的情况。

　　此时，向下滑动鼠标，将页面滚动到下方区域，当出现图 2-5 中的下载提示时，即可直接点击，以完成 MT4 PC 端的下载。

ZH ∨

下载 MetaTrader 4

最受欢迎的外汇交易平台

下载MetaTrader 5 — 新一代交易平台

下载MetaTrader 4 PC版，获得市场上最强大，最便捷的技术分析和交易工具。第一次启动之前，系统将提示您新建一个免费的模拟账户，允许您测试所有交易平台的功能。

图 2-4　MT4 官网（3）

算法交易，EA交易和MQL4 IDE　　　　　MetaTrader 市场 您可以购买指标和自动交易的地方

交易信号 允许您复制其他交易者的交易　　　　新闻和警示 通知重要的市场活动

外汇交易使用最受欢迎，最强大的交易平台

下载MetaTrader 4 PC，创建模拟账户

MetaTrader 4 iPhone/iPad

万的交易者已经选择MetaTrader 4 iPad/iPhone，随时随地进行金融市场的工作。

图 2-5　MT4 官网（4）

这时，只要完成下载后，就会出现一定提示，如我们选择的是 360 浏览器，就会跳出下载完成的提示，这时只需点击提示页面的"打开"，然后根据提示一步步地进行安装，MT4 软件就会自动安装到你的电脑上了。如图 2-6 所示。

图 2-6 MT4 用户认证

此时，只要点击安装好电脑上的 MT4 图标，就可以打开软件来使用了，如图 2-7 所示。

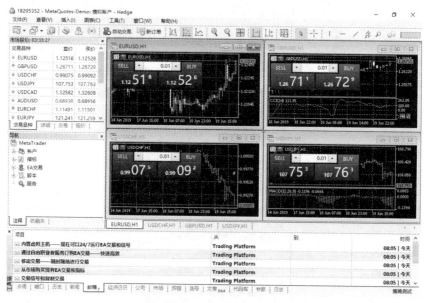

图 2-7 MT4 页面

值得注意的是，当下载安装完成后，系统会自动为你分配一个模拟账户，可以使用。

二、注册模拟账户

当下载和安装完 MT4 后，系统会自动分配给你一个模拟账户，如果投资者不想用这一账户时，可重新再建立一个新的模拟账户，具体的步骤如下：

打开 MT4 软件，寻找左上角的"文件"，鼠标对准"文件"，下方即会出现一个对话框，寻找到对话框下方的"开户"一栏，如图 2-8 所示。

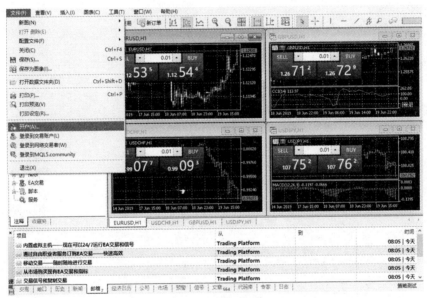

图 2-8　MT4 开户

这时，鼠标对准"文件"，点击左键，页面上就会跳出一个对话框，如图 2-9 所示。

图 2-9 显示的是交易商的情况，系统会自动检测出你的交易商，所以直接点击对话框下方的"下一步"就行了。这时，对话框就会变为注册账户的页面了，如图 2-10 所示。

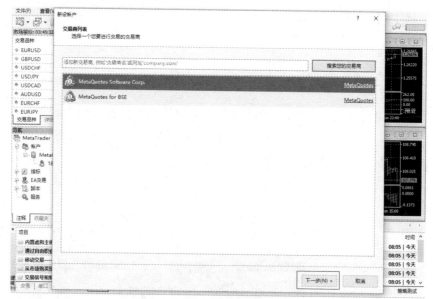

图 2-9 MT4 注册模拟账户（1）

图 2-10 MT4 注册模拟账户（2）

　　如图 2-10 所示，这时一定勾选上方的"开设一个模拟账户"，然后再点击"下一步"，就会出现图 2-11 中的情况。

图 2-11　MT4 注册模拟账户（3）

如图 2-11 所示，这时只需要按照对话框中的提示，逐项填写后，当右下角的"下一步"变色后，点击"下一步"，即会出现一个新的模拟账户，如图2-12 所示。

图 2-12　MT4 注册模拟账户（4）

如图 2-12 所示，这时只要点击"完成"即可，如需登录时，只要回到界面，选择"文件"，选择下方对话框内的"登录到交易账户"，如图 2-13 所示。

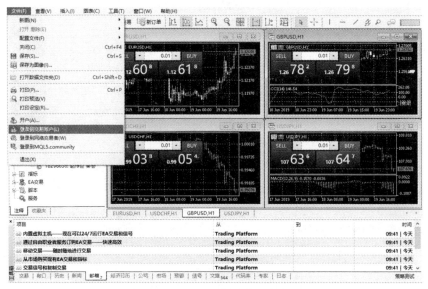

图 2-13　MT4 登录交易账户（1）

如图 2-13 所示，这时鼠标对准"登录到交易账户"，只要点击鼠标左键，就会再次跳出一个小对话框，如图 2-14 所示。

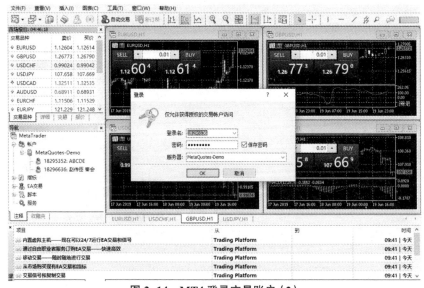

图 2-14　MT4 登录交易账户（2）

这时，系统会自动检测到你的模拟账户和密码，只要点击图 2-14 中对话框下方的 "OK"，即完成了模拟账户的登录。

第三节 使用方法和步骤

一、添加交易品种的数据图表

MT4 打开后的初始界面，会出现四个图表的小窗口，如图 2-15 所示。

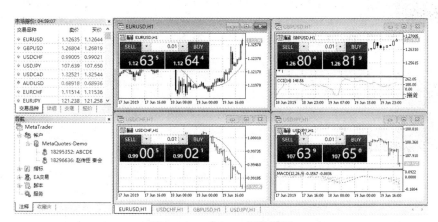

图 2-15 MT4——初始界面

如图 2-15 所示，鼠标分别对准四个小窗口右上角的 "×" 号，全部关闭。

如图 2-16 所示，当显示 K 线图的区域空下来后，鼠标对准左上方的 "交易品种" 区域，然后点击右键，会跳出一个对话框，寻找其中的 "全部显示"，点击鼠标左键。然后回到交易品种栏处，通过向下滚动交易品种。

比如我们选择的是英镑与美元的汇率走势，则应选择 GBPUSD，当交易品种中的 GBPUSD 一行颜色变深后，鼠标对准 GBPUSD 点击右键，就会跳出一个小对话框，这时，找到其中的 "图表窗口"，如图 2-17 所示。

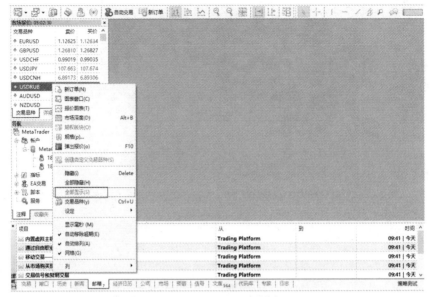

图 2-16 MT4 界面

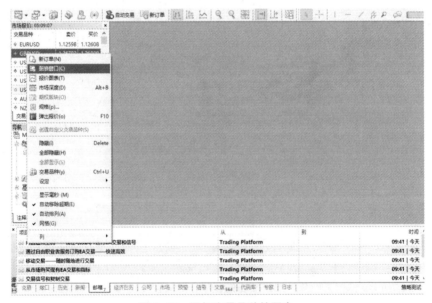

图 2-17 添加交易品种的图表

这时，只要鼠标对准对话框内的"图表窗口"，点击鼠标左键，右侧的 K 线图区域就会跳出 GBPUSD 的走势，将这一窗口放大，就成为图 2-18 中的情况。

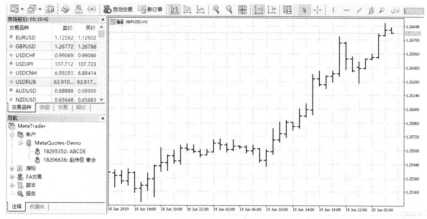

图 2-18　MT4——GBPUSD 行情显示

如果想要查看其他汇率的走势，只要按照这种方法来操作即可。

二、下单交易

在 MT4 界面最上方一排中，选中其中的"工具"以后，点击鼠标左键，就会自动跳出一个对话框，然后选择对话框中的"新订单"，如图 2-19 所示。

图 2-19　USDCHF——1 小时图（1）

这时，只要鼠标对准"新订单"，点击左键，就会跳出一个大些的下单对话框，只要根据自己想要交易的品种及数量，进行下单即可，如图 2-20 所示。

图 2-20　USDCHF——1 小时图（2）

如图 2-20 所示，在对话框内，要填入交易品种、交易量，如果投资者时间不宽松，可以填入止损或止盈的价格，然后选择对应的买入或卖出即可。

值得注意的是，新订单完成后是一个委托单，只有市场出现同样价格的与交易者操作的反向交易时，即卖出时市场出现同价位的买单，买入时市场出现同价位的卖单时，交易才能够完成。

第四节　使用技巧

一、插入技术指标的方法

在 MAT4 上使用技术指标时，有一种快速插手的方法，只要点击 K 线图上方位于偏左侧的"插入"，点击鼠标左键，向下即会出现一个小的对话框，这时只要根据对话框中的提示，选择"指标"，鼠标对准"指标"，后方即会再出现一个对话框，如选择"走向"类指标，鼠标对准"走向"，后方又出现另一对话框，然后选择相应的指标即可，如图 2-21 所示。

图 2-21　GBPUSD——M1（1）

　　如图 2-21 中显示的一样，如果此时选择的是 BOLL 指标，只要在对话框中寻找到这一指标，点击鼠标左键，屏幕上就会跳出 BOLL 指标的情况，如图 2-22 所示。

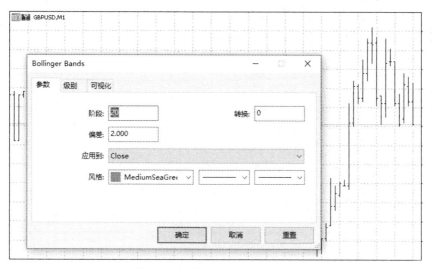

图 2-22　GBPUSD——M1（2）

　　这时，无须改变参数，只要点击对话框下方的"确定"，K 线图上就自然出现需要显示的 BOLL 技术指标了，如图 2-23 所示。

图 2-23　GBPUSD——M1（3）

在图 2-23 中，位于 K 线图附近的指标，即是 BOLL 指标。

所不同的是，在技术指标显示中，MACD 等指标与 BOLL 指标的显示是不同的，MACD 等指标会显示在 K 线图下方，而 BOLL 指标是显示在 K 线图上方的。如图 2-24 所示的 MACD 指标显示的情况。

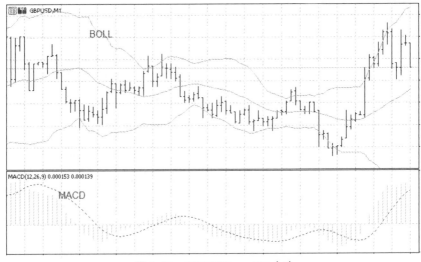

图 2-24　GBPUSD——M1（4）

二、插入成交量的方法

在 MT4 中插入成交量的显示时，是和技术指标的插入方法一样的，因为在 MT4 中，成交量是被列入了"指标"内的，所以要想插入成交量显示时，若走势图显示的是 USDSEK 行情的 1 分钟图时，插入成交量时，首先选择 MT4 界面最上方一行中的"插入"，点击左键，向下会出现一个对话框，鼠标移动到"指标"后，右侧会再次出现一个对话框，鼠标再移动到对话框内的"交易量"，右侧会再次出现一个对话框，这时要将鼠标移动到对话框最下方的"Volumes"，如图 2-25 所示的情况。

图 2-25　USDSEK——M1（1）

这时，只需将鼠标对准最右侧的对话框最下方的"Volumes"，点击左键，屏幕上就会自动跳出一个对话框，如图 2-26 所示。

这时无须改变颜色等，只要点击图 2-26 中的小对话框内的"确定"，在 K 线图的下方，就会显示出成交量的情况了，如图 2-27 所示。

图 2-26　USDSEK——M1（2）

图 2-27　USDSEK——M1（3）

三、查看不同周期图的技巧

因 MT4 的 K 线图往往自动显示为 1 分钟图，所以如果投资者在通过 MT4 软件查看不同周期的外汇 K 线图时，需要手动调出其他周期图才能查看。为了方便查看各个周期的图表，只要打开软件，选择周期图显示快速栏后，就更方便查看不同周期图时的切换了。所以，在查看不同周期图前，先将鼠标对准"查看"点击左键，就会向下跳出一个对话框，选择对话框中的"工具栏，只要鼠标对准"工具栏"，右侧即会出现一个小对话框，如图 2-28 所示。

图 2-28　AUDUSD——M1（1）

如图 2-28 所示，这时候，就要将鼠标移动到右侧的小对话框内，鼠标对准最下方的"周期"，然后点击左键，在"市场报价"和上方，即会增加一行 K 线图周期的快捷按钮，如图 2-29 中 A 区域的情况。

这时，根据自身的需要，点击 K 线不同周期的缩写图标即可查看周期图。例如，我们选择的是日线图，只要鼠标对准日线点的标识 D1，点击左键，走势图上就变为了日线周期的显示。如图 2-30 中 A 区域的 K 线图，即为日线图。

以上是改变 K 线图周期和调出 K 线不同周期图快捷键的方法，但要记住：M1 为 1 分钟图，M5 为 5 分钟图，M30 为 30 分钟图，H1 为 1 小时图，H4 为 4 小时图，D1 为日线图，W1 为周线图，MN 为月线图。

图 2-29　AUDUSD——M1（2）

图 2-30　AUDUSD——D1（1）

还有一种直接调出 K 线各周期图的方法，就是直接找到最上方一栏中的"图表"，点击左键，下方即会跳出一个对话框，这时，只要将鼠标移动到下方对话框内的"周期"后，右侧即会出现一个对话框，如图 2-31 所示。

图 2-31　AUDUSD——D1（2）

如图 2-31 所示，在"周期"右侧的对话框中，清晰地用中文显示出了 K 线图各个周期，投资者只需要根据自身的需要，点击相应的周期，K 线图就会变为这一周期的显示了。

四、柱状图与蜡烛图的显示设置

在 MT4 软件中，系统会自动显示为柱状图，如图 2-32 所示，K 线图上显示的即是柱状线。

如果要想改变为蜡烛图显示方式时，只要将鼠标对准 K 线图中的任意一个位置，点击鼠标右键，就会跳出一个对话框，如图 2-33 所示。

这时，只要鼠标对准图 2-33 中小对话框中的"蜡烛图"点击左键，或是根据"属性"，或是直接根据"蜡烛图"一栏后方的提示，按键盘中的"Ctrl+2"，走势图上的显示就会直接变成蜡烛图的显示了，如图 2-34 所示。

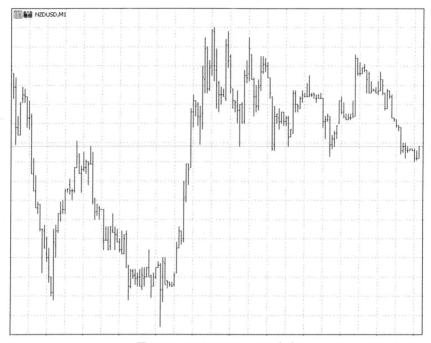

图 2-32　NZDUSD——M1（1）

图 2-33　NZDUSD——M1（2）

图 2-34　NZDUSD——M1（3）

五、显示风格的调换与缩小放大功能的使用方法

显示风格，就是 K 线图的显示颜色，因为系统会统一自动显示为黑色底、绿色 K 线的颜色。比如我们调出了 USDSEK 的行情时，如图 2-35 所示，K 线图上

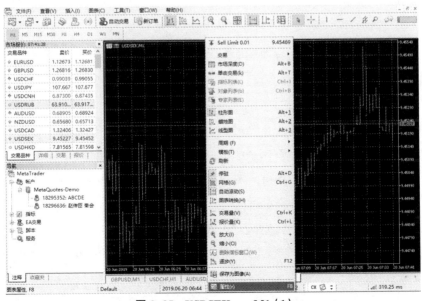

图 2-35　USDSEK——M1（1）

显示的即是黑色底、绿色柱线。

如图 2-35 所示，如果想要改变为白色底时，鼠标对准 K 线图中的任意位置，点击右键，就会跳出一个对话框，鼠标移动到"属性"的位置，"属性"一栏会变色，或是根据提示直接按快捷键 F8，就会出现属性的对话框，如图 2-36 所示。

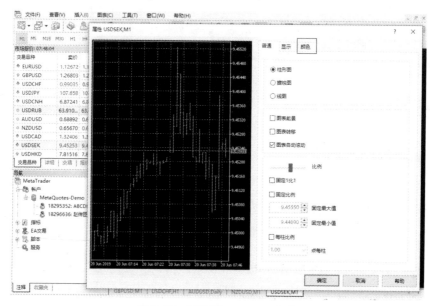

图 2-36　USDSEK——M1（2）

如果想要改变 K 线图的显示方式，此时也可勾选其中的"蜡烛图或线图或柱形图"。但要改变 K 线图的颜色时，应选择点击对话框右上方的"颜色"，对话框内就会显示出相关内容，如图 2-37 所示。

这时，只要鼠标点击右上方"方案"后面的向下按钮，选择最下方的"Black on White"，对话框左侧的预览图的颜色就会变为白色，如图 2-38 所示。

此时，如果先前选择的是蜡烛图显示，下面就会出现阴烛和阳烛分别显示的颜色，如果想要改变时，可根据自己的喜好，选择对应的颜色显示，然后再点击对话框中的"确定"，即会出现图 2-39 中的情况，屏幕变为白色底。

如果感觉 K 线图的 K 线太细或太精，可以直接点击图 2-39 中 K 线图上方一个放大镜样的图标，其中放大镜内为"+"的为放大，放大镜内为"-"的为缩小，点击相应的图标，K 线图就会放大或缩小。

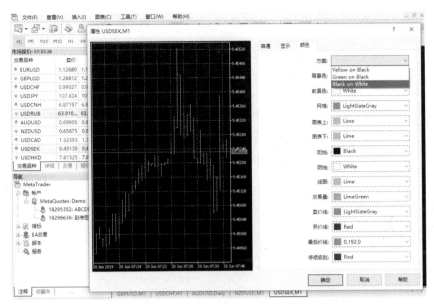

图 2-37　USDSEK——M1（3）

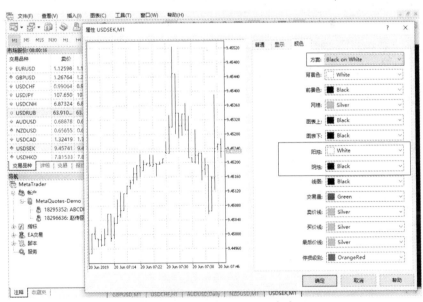

图 2-38　USDSEK——M1（4）

图 2–39   USDSEK——M1（5）

第三章 外汇交易风险有多大

外汇交易风险来自很多方面，高杠杆交易风险、重仓操作后追加保证金风险、入金和出金时候的汇兑风险、价格异常波动风险、投资者心理变化引起的交易风险等。克服各种风险实在是很困难的事情，投资者在交易过程中应该小心谨慎。对交易过程中的风险认识一刻也不能松懈。在外汇交易中，能够获利的投资者并非是那些激进交易的人，更多的是能够控制交易风险、审时度势的人。

第一节 杠杆风险

一、杠杆充分放大资金利用率

杠杆在放大资金使用效率的同时，提高了投资者获利空间。同样的资金，如果在没有杠杆的情况下，只能达到只有资金的使用效率，却不能额外增加投资者的持仓量。有了杠杆，投资者可以在杠杆率允许的情况下，随意增加资金量，以便在行情好的时候获得更高的投资回报。

从盈利的角度分析，投资者更注重杠杆在放大资金利用率上的正面效果，却忽视了杠杠的负面影响。实际上，任何企图增加持仓量的做法，都能够提高潜在的获利空间，同时也对应地放大了持仓风险。

如果投资者真的要充分利用杠杆，又能够将持仓风险降低到最小，那么无疑要做对以下几个方面的事情：

1. 正确判断价格趋势

正确判断汇价的波动方向，是投资者盈利的关键。通过杠杆放大持仓数量后，投资者应该在正确的方向上做正确的事情，才能够获得利润。如果对汇价波动方向的判断并不准确，那么再大的杠杆也无济于事。在投资者判断价格运行趋势正确的时候，充分利用杠杆的放大效果，才能尽可能获得更高的投资回报。

2. 设置合理的止损位置

设置好合理的止损价位，是投资者获利的关键一步。止损位置不能在价格正常波动的范围内，当然也不能距离开仓价位太远。如果止损价位太小，即便投资者准确判断了价格波动方向，也会在获得利润之前被动平仓，失去了获得利润的机会。当然，止损价位过高时，投资者可能因为损失过大，丧失保证金的承受能力，不得不以被迫平仓告吹。

在开仓以后，投资者设置合理的止损价位，才能在高杠杆的情况下获得利润。

3. 在获利最高的时候平仓出局

获利的时候何时平仓出局，是众多投资者考虑的问题。事实上，汇价波动空间虽然很高，但也经常双向波动。投资者短线建仓以后，价格达到预期的盈利水平，投资者就应该考虑止盈了。当然，即便不去主动止盈，也应该主动推止损价位，使得以较小的止损获得更高的持仓回报。

二、资金大部分占用的风险

杠杆虽然是提高风险的重要因素，这与投资者的运用方式有关。杠杆很高时，投资者使用杠杆的效率是不同的。有些投资者更注重提高杠杆的放大效率，充分利用每一笔资金来放大持仓数量，这样做是很危险的。

投资者充分利用杠杆的做法，危害在于风险已经达到几乎不可控的程度。投资者的资金量有限，但是杠杆能够放大的持仓位也是有限度的。如果投资者使用几乎全部的资金来交保证金，那么必然会遭受损失。

一个典型的案例：一个投资者以 1000 美元开仓进行外汇交易。投资者开仓一手需要资金量为 75 美元，那么 1000 美元能够开户高达 13 手。这位投资者以 10 手开仓卖出欧元/美元时候，欧元每波动 0.0001 点，投资者资金变动空间就会高达 10 美元。考虑欧元在活跃时段一根 1 小时 K 线波动空间机会达到 30 点以上，那么投资者奖金变动达 300 美元。在 750 美元作为保证金的情况下，如果汇价波动达到了不利于投资者的 30 点，遭受 300 美元损失之前就会被强行平仓。

第二节 追加保证金风险

一、严重亏损后追加保证金风险

既然外汇操作风险很高，那么投资者可能遇到的追加保证金风险就会很大了。事实上，不管什么原因，一旦投资者持续遭受损失，剩余资金不可能维持投资者长期交易的需要。从杠杆交易方式来看，虽然较少的资金就能维持正常保证金需要，但是，如果投资者的资金量很小，却依然想维持足够的仓位，必须要有更多的资金。当资金不足时候，汇率波动空间很小的情况下，投资者就不得不面对价格不利带来的损失，以及亏损后追涨保证金的通知。

在资金量合理的情况下，投资者并不需要考虑追加保证金的问题。但是，汇价波动的空间总是存在的，投资者的总资金面临缩水以后，追加保证金的情况会更容易出现。

在外汇交易中，出现爆仓情况并不是少数。投资者一旦亏损严重，并且接近爆仓状态的时候，盲目交易就会短时间将投资者拖入爆仓的边缘。投资者现有资金应该足够维持保证金需要，这样才能够有足够的开仓机会获得利润。

二、重仓时追加保证金风险

投资者在选择重仓交易的情况下，也会遇到追加保证金的通知。重仓交易的过程中，汇价较小的价格波动，就能使投资者遭受较大损失。资金量有限，杠杆的方向效果是无限的。充分利用每一笔资金来维持开仓保证金，这并不是明智的做法。

对于投资者的开仓数量，并没有十分明确的说法。投资者可以尽可能地利用杠杆来放大手中的资金利用效率。但是，在汇价正常波动的前提下，投资者因为汇价逆市运行中遭受最大的损失后，应该有足够的资金用于维持保证金。如果投资者开仓使用了300美元的资金，在开仓以后遭受损失的情况下，最大亏损会达到120美元，那么投资者应该至少保证总资金量在660美元（300美元开仓资金+120 美元弥补亏损资金 + 240 美元剩余资金 = 660 美元）的前提下，才能保证稳定持仓。

第三节　汇兑风险

一、取款时外币贬值风险

由于外汇保证金交易的平台都是外国的，而投资者的交易资金又不得不以欧元、美元、英镑等货币来支付。那么在盈利后取款的时候，就会遇到外币贬值而本币升值的情况。这样一来，同样的资金兑换成本币的时候，投资者就遭受了汇兑风险。

为了避免兑换时可能遇到汇兑风险，投资者不得不谨慎选择入金货币。因为投资者交易时间可能会较长，货币在这一时间段的走向，将会影响到投资者的汇兑风险。如果考虑使用那些相对人民币强势的币种，那么汇兑损失就会小得多了。当投资者获得利润，并且将外币兑换成本币的时候，如果外汇在投资者交易的时间段出现了升值，那么汇兑损失不会出现，投资者还会因此获得一部分利润。

二、入金时本币贬值风险

在投资者入金交易之前，如果本币已经出现了明显贬值，那么接下来入金的话，就会需要更多的资金兑换为外币，然后在进行交易。在本币贬值的情况下，投资者投入资金量无疑就会很高。一般来说，本币如果在入金期间贬值，那么投资者出金的时候，如果本币再次经历贬值，那么兑换成本币后投资者不会遭受汇兑损失。但是，汇价波动并不是想象那么完美，价格总会出现较大的不确定性。这样一来，投资者只能按照最坏的打算来进出金。

在入金期间，投资者的汇兑风险，出现在本币相对于外币贬值的时候。从投资者操作外汇的角度来看，当然更多的资金更容易胜任高风险的外汇交易了。如果本币相对外币大幅度升值，那么这个时候将是不错的入金机会。当然，入金时候的汇兑问题也是出金时候会遇到的问题。入金时，投资者如果能够尽可能多地兑换外币，那么就是比较理想的情况了。

如果不考虑今后汇价的波动，入金期间，本币对外币的升值空间越大，汇价上涨潜力也会更高。在外汇交易中，汇价波动频繁程度难以想象，特别是在杠杆的放大作用下，投资者更需要较多的资金参与外汇买卖。本币对外币升值空间较高，兑换成更多外币。即便在出金阶段出现了外币对本币贬值的情况，投资者损失也会非常有限。

第四节　汇率异常波动风险

一、突发事件影响

突发事件对汇价影响程度很大，是汇价异常波动风险的重要形式。影响汇价波动的因素很多，突发事件的出现，并不在投资者预计当中。突然出现的战争、自然灾害、金融危机等，都是影响汇价波动的重要形式。除非投资者并没有持仓，或者说投资者持仓数量并不大，否则突发事件对资金影响将会很大。

突发事件的出现具有很强的偶然性，汇价波动也是在短时间出现的。不过出于资金安全考虑，投资者将不得不考虑价格异常波动带来的较大风险。在持仓过程中，应该尽可能合理安排资金投入量，并且应考虑到价格异常波动带来的风险，合理设置止损价位。

二、投资者心理变化影响

投资者心理变化对汇价走势的影响是很大的。特别是在影响外汇价格波动的风险因素出现时，多空双方的争夺更加明显。这样一来，投资者需要关注的价格异动风险更大。比如从 1 小时 K 线的价格走势来看，K 线形态上更容易表现出上影线和下影线的情况。汇价宽幅波动的过程中，真正的趋势并不容易形成。这样一来，投资者承受持仓风险的时间会更长，获利需要更长时间的等待才行。

从汇价的 K 线形态来看，投资者心理变化会形成明显的调整形态。调整形态包括菱形、喇叭口形态、三角形等。汇价在这些调整形态中的波动空间很大，汇价进入真正的单边趋势之前,投资者的止损价位可能已经被击穿。

实战交易中,投资者心理波动引起的汇价宽幅波动,是投资者设置合理止损的关键。止损空间只有适应价格波动,当价格朝向投资者不利的方向波动时,投资者才有可能不被"打止损"。合理的止损价位,既是投资者能够最终抓住盈利机会的前提,也是限定投资者亏损空间的关键因素。

如果止损价格设置合理,不管汇价异常波动空间如何大,价格都不会击穿止损价。当然,如果止损价格合理的话,投资者也不会因为价格异常波动,迟迟不到止损价而遭受损失。止损既是限定损失的需要,也是投资者达到持仓目标的基础。

第四章 直盘货币对的影响因素分析

外汇交易中，直盘货币是最容易被投资者买卖的货币对，也是最为活跃的货币对。外汇价格变化虽然很快，但是变化趋势有规律可循。影响各国汇价走势的因素很多，主要因素涉及利率、经济指标、突发事件、外汇期货合约走势、国债走势等。当然，各国央行主席对货币政策的讲话，投资者对汇价运行趋势的预期，也都是影响汇率变化的因素。

第一节 欧元/美元的影响因素

一、欧元简介

欧元是欧洲 17 个国家的共同货币，也是美元非常重要的对手货币。在外汇市场上，欧元/美元的汇价走势，是多数投资者关注的问题。如果说欧元出现之前的美元/马克是世界上最重要的货币对，那么欧元出现以后，欧元/美元的汇价走势就取代了美元/马克的位置。

欧元区中央银行坐落于德国法兰克福，管理欧元纸币的印刷和发行。

欧元出现的意义在于：欧洲能够建立一个与美元抗衡的区域货币体系，这对于维护欧元区经济地位很有帮助。在世界贸易额中，欧元区已经超过了15%的份额，这也使欧元作为储备货币的地位增强。

实行统一的欧元货币以来，为欧洲各国带来了巨大益处。增强了区域内国家竞争力：欧元出现以后，欧洲在生产总值和对外贸易上增强了自身优势，在美国和日本等国家的竞争中处于优势地位。欧元对欧洲区域经济发展的促进作用会很大。减少内部消耗，化解风险：在经济全球化的大背景下，欧元将欧洲国家统一起来，既减少了不同国家之间的利率差异，也增强了应对金融风险的能力，对提高欧元区经济有很大帮助。刺激消费，增加投资：欧元统一货币建立以后，将会明显缩小各国间的物价差异，增加各国间的投资和消费，促进欧元区内经济增长。

二、欧元的影响因素

从历史走势来看，欧元近年来维持在 1.2000~1.5000 点运行。欧元汇价走势的影响因素很多，受到欧洲央行政策影响，欧元区汇率变化和经济走向，是影响欧元的主要因素。

1. 利率

短期利率走势是影响欧元汇率的重要因素，而再融资利率和三个月欧元存款利率是重要看点。

再融资利率是欧洲央行进行流动性管理的重要工具，该利率与美国联邦基金利率的差异，决定了欧元/美元的汇价走势。如果再融资利率相对于美国联邦基金利率回升，那么欧元的上升势头将会出现；相反，欧元将遭受抛压出现下挫。

三个月欧洲央行存款利率变化，也是判断欧元区利率与美国利率差异的有效工具。欧洲三个月存款利率越高，表明驱动欧元上涨的动力越强，欧元/美元表现强势的可能性增大。

2. 政治因素

欧洲区国家数量众多，任何一个重要的国家出现政局不稳定，都会影响到欧元的表现。尤其美国金融危机一来，欧洲债务危机持续发酵的情况，明显对欧元形成了压力。欧元区债务问题，尤其出现在葡萄牙、爱尔兰、意大利、希腊和西班牙等国。这几个国家债务问题对政局影响很大，明显影响了欧元走势。

3. 经济数据

欧元区重要经济体的经济数据，对欧元走势影响很大。尤其值得一提的是，德国的经济数据。德国是欧元区最大的经济体，其 GDP 数据、通胀率、失业率等数据，都是衡量欧元汇价走势的重要工具。

4. 交叉汇率的影响

欧元/美元汇率走向，受到了与欧元相关的交叉汇率影响。例如，欧元/日元的汇价走向，如果因为日本方面消息影响出现下挫，那么欧元/美元的汇率也会承压下跌。欧元在交叉汇率中的强弱表现，也是影响欧元/美元汇价走势的重要因素。

5. 欧元三个月的期货合约走势

欧元期货合约的涨跌方向，也是影响欧元价格走势的重要因素。投资者对欧元价格运行趋势的判断，已经体现在欧元期货价格的走向上。如果欧元期货价格今后看涨，那么欧元价格也会出现相应的涨幅。判断欧元价格的波动方向，从欧元期货价格上就能得到相应的结论。

三、欧元的历史走势

图 4-1　EUR/USD——历史走势

步骤 1：图 4-1 显示，欧元/美元汇价在金融危机以前，达到了历史高位 1.6000 点以上。但是 2008 年金融危机一来，欧元长期走跌。直到 2013 年，汇价处于 1.3000 点附近运行。欧元的长期走势，既受金融危机的影响，同时也是美元相对强势的结果。

步骤 2：从欧元/美元的长期走势来看，欧元/美元在近年来的历史低点，也处于 1.2000 点以上，显示出汇价下跌的可能性已经不大。在欧元/美元汇价持续回落时，美元指数经历了金融危机以及欧债危机的两次下挫，但是都以反弹上涨结束了调整行情。欧元的表现相对美元要差一些。2013 年上半年，欧元还处于 1.3000 点附近，距离历史高位的 1.6000 点还相差很远。

第二节 英镑/美元的影响因素

一、英镑简介

英镑是英国的法定货币，由于英国并未加入欧元区，英镑的使用得以延续。英镑的发行不限于英格兰银行，还有其他机构能够发行英镑。

英镑是美元、欧元和日元之后第四大交易货币，也是美元和欧元以外第三大储备货币。至今为止，英镑是使用历史最悠久的纸币。在 20 世纪初期，英镑一直是国际储备货币和重要的支付手段。第二次世界大战以后，英镑实现了浮动汇率制度，英镑的价值也出现明显缩水。

在外汇交易市场，英镑也是最容易被炒作的外汇品种。英镑的价值高于其他货币，是投资者经常买卖的货币品种。英镑的汇价波动空间很高，尤其兑日元、兑瑞士法郎的汇率更是如此。善于投机的话，与英镑相关的交叉汇率以及英镑/美元的汇率，都是很容易炒作获利的品种。

二、英镑的影响因素

英镑是非常重要的投机货币，对其价格走势的判断，需要从多个方面来判断。英镑的波动空间较大，如果投资者能对英国经济进行深入分析，对影响英镑汇价走势的因素深刻理解，能够在汇价变化的过程中发现很有帮助的操作机会。

1. 利率

各国央行制定的利率对汇价走势影响都非常明显，特别是利率变动的时候，影响汇价走势都超过百点以上。利率决定出现的时候，英镑瞬间波动百点以上，都是很容易的。并且，在接下来的交易日中，汇价的单边趋势便会形成，成为投资者非常重要的盈利行情。

英国最低贷款利率（基本利率）是影响英镑价格走向的关键因素之一。每个月的第一周，央行都会使用利率调整来向市场发出政策信号。利率上升时，英镑会强势回升；利率下降时，英镑也会出现相应的回落走势。

2. 金边债券

英国政府债券也叫金边债券，是影响英镑汇价走势的重要因素。金边债券的价格涨跌，与利率变化方向相反，与汇价的强弱走势也是相反的。通过判断英国十年期金边债券收益率走势，投资者能够发现英镑的潜在波动方向，从而为获得利润提供帮助。

比如说，通过对比英国十年期金边债券与美国国债收益率变化，投资者能够发现这两者之间存在的波动关系，为获得汇价波动做好准备。

3. 英国经济数据

英国的主要经济数据包括：初始失业人数、初始失业率、平均收入、扣除抵押贷款外的零售物价指数、GDP 增长率、采购经理指数、货币供应量（M4）等。通过英国政府发布的经济数据变化，投资者既能够根据信息发布时间数据走向，判断汇价短线波动方向，也可以根据历史数据走向，判断今后汇价运行趋势，为获得利润做好准备。

4. 交叉汇率的影响

交叉汇率也会对英镑/美元的汇价产生影响。英镑相关的交叉汇率，有英镑/日元、英镑/瑞士法郎等。如果英镑在交叉汇率中表现抢眼，英镑/美元的汇率走势也会强势一些。当然，如果英镑在交叉汇率中表现不佳，英镑/美元的走势会弱一些，甚至出现较大的下跌空间。

三、英镑的历史走势

步骤 1：图 4-2 显示，金融危机成为英镑汇价走势的转折点。早在 2007 年的时候，英镑达到了历史高位 2.1000 点附近。但是金融危机促使英镑迅速贬值 30%以上，最低在 1.4000 点以下。经历了金融危机和欧洲债务危机，英镑走势趋稳，但依然在 1.4000~1.7000 点的区域波动。

步骤 2：不同于避险货币，投机性较强的英镑，在金融危机期间的表现并不理想。瑞士法郎已经在危机期间出现了较大的涨幅，但英镑大跌以后难以出现理想的反弹。从英镑/美元的汇价波动趋势来看，还是存在进一步下跌的可能。趋势上看空英镑，显然还是会延续下去。

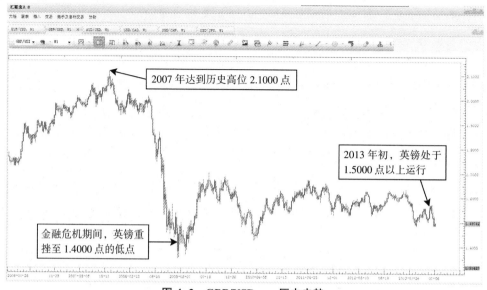

图 4-2 GBP/USD——历史走势

第三节 美元/日元的影响因素

一、日元简介

日元是继美元和欧元之后第三大储备货币。由于日本经济长期处于通缩状态，因此日本利率被降得很低，甚至达到了零利率的水平。这样一来，日元汇价走势明显受到套息交易影响。日元与其他很多货币之间存在套息的可能。特别是与英镑、澳元、加元等利率较高的国家相比，存在利差的套息交易，成为主导汇价走势的重要因素。

日元在2008年金融危机以来的避险功能，使市场购买日元的积极性大大增强，而日元从105点升值到接近75点的汇率，累计升值空间高达40%，明显影响了日本企业的出口增长。近年来，日本实现宽幅货币政策，利率降为零的情况下，还以更宽松的政策促使日元迅速贬值。在一年半的时间里，日元就从75点附近的汇率底部飙升至105点以下的高位，几乎回到了金融危机以前的汇率水平，这也进一步促进了日本经济发展，为结束日本长期的通缩创造了条件。

二、日元的影响因素

1. 日本财政部

财政部是日本制定财政和货币政策的唯一部门。各国财政部对货币走向的影响都存在，但日本的财政部对日元走势影响更大一些。因为，日本是出口大国，汇率变化影响出口的质量。财政部官员经常发表一些言论，口头上干预汇价走向，为出口扩张提供帮助。当然，日本财政部口头干预日元时，经常造成日元大幅度贬值，从而形成对出口的支撑。

日本在1998年就通过一项法律，规定日本央行可以独立制定货币政策，而日元仍然由日本财政部门负责。

2. 利率

隔夜拆借利率是主要的银行间短期利率，由日本央行来决定。日本央行通过干预银行间拆借利率，达到影响日元汇率的效果。

3. 日本政府债券

为了增强货币系统的流动性，日本中央银行每个月都会购买10年或20年期的日本国债。10年期国债的收益率被看作是长期利率的基准指标。10年期的美国国债和日本国债的基差，能够显著推动美元/日元走强。分析10年期国债走向，投资者就能够发现影响日元的运行趋势，为获得利润做好准备。

4. 重要经济数据

日本经济数据发布后，数据好坏都会影响到汇价运行方向。特别是数据与预期差距较大时，更会在外汇市场上掀起一个大波澜。日本重要经济数据，包括GDP、国际贸易状况、失业率、工业生产和货币供应量等。

5. 日经225指数变化

日经225指数，是日本主要的股票价格指数。当该指数出现显著回升时，会促进外国投资者大量使用日元做多日本股市，从而推动日元上涨。当汇价高位运行时，限制出口企业的业绩增长，导致政府出手干预汇市，打压日元价格。

6. 交叉汇率影响

关于日元的交叉汇率很多，英镑/日元、欧元/日元是其中比较重要的两个。交叉汇率中日元的表现，影响着美元/日元的汇价走向。如果日元在交叉汇率中表现得坚挺，那么很可能也会在美元/日元中走强。如果日元在交叉汇率中表现不佳，那么短线很可能遭受很大的抛压。

三、日元的历史走势

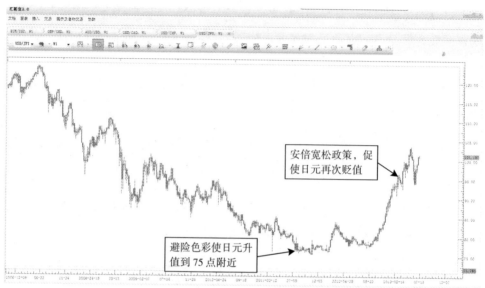

安倍宽松政策，促使日元再次贬值

避险色彩使日元升值到 75 点附近

图 4-3   USD/JPY——历史走势

步骤 1：图 4-3 显示，从美元/日元的汇价走势来看，历史上日元受到金融危机影响，成为比较好的避险品种。因此，日元能够在金融危机后出现较大升值。从金融危机以前的 105 点到金融危机以后的 75 点附近，日元升值空间高达 40%。

步骤 2：金融危机期间，日元的大幅度升值并不符合日本政府的政策方向。因此，在安倍宽松货币政策的引导下，日元又出现了危机以后持续贬值。日元从 75 点贬值到 2013 年的 105 点，日元又回到了金融危机以前的汇价水平。

步骤 3：在一般情况下，日元作为套息交易的货币，使用量很大。因此日元的活跃度会比较好。遇到经济形势不稳定，或者出现明显的政治经济危机时，日元的避险功能发挥作用。但日本政府对日元走势影响很大，日元因此不可能持续升值下去，这不符合日本政府的支持出口政策。

第四节　美元/瑞士法郎的影响因素

一、瑞士法郎简介

瑞士法郎是非常传统的避险货币，特别是在金融危机或者战争存在的动荡时期，瑞士法郎的避险特征被发挥得淋漓尽致。

瑞士是国际上公认的永久中立国，国内银行业的保密制度更是非常完善，瑞士也被视为世界最安全的地方。国际政局不稳定时，瑞士法郎总是能够受到追捧。特别是近年来金融危机期间，美元/瑞士法郎汇率从 1.000 点附近重挫至 0.7000 点附近，瑞士法郎升值空间高达 30%。

瑞士政府对金融、外汇等采取保护政策，使国外投资资金大量流入瑞士。不管世界经济景气程度如何，投资者对瑞士法郎的青睐总是不减。

二、影响美元/瑞士法郎的因素

瑞士国家银行在制定货币政策和汇率政策上有着极大的独立性。不像大多数其他国家的中央银行，瑞士央行并不使用特定的货币市场利率来指导货币状况。直到 1999 年秋，央行一直使用外汇互换和回购协议作为影响货币供应量和利率的主要工具。

由于使用了外汇互换协议，货币流动性的管理成为影响瑞士法郎的主要因素。当央行想提高市场流动性时，就会买入外币，主要是美元，并卖出瑞士法郎，从而影响汇率。

从 1999 年 12 月开始，央行的货币政策发生了转移，从货币主义经验者的方式（主要以货币供应量为目标）转移到以基于通货膨胀的方式，并定为 2.00% 的年通货膨胀上限。央行将使用一定范围内的三月期伦敦银行间拆借利率（LIBOR）作为控制货币政策的手段。

央行官员可以通过对货币供应量或货币本身的一些评论来影响货币走势。

1. 利率

SNB 使用贴现率的变化来宣布货币政策的改变。这些变化对货币有很大影响。然而贴现率并不经常被银行作为贴现功能使用。

2. 三个月欧洲瑞士法郎存款

存放在非瑞士银行的瑞士法郎存款称为欧洲瑞士法郎存款。其利率和其他国家同期欧洲存款利率之差也是影响汇率的因素之一。

3. 瑞士法郎作为避险货币角色

瑞士法郎有史以来一直充当避险货币的角色，这是因为：SNB 独立制定货币政策；全国银行系统的保密性以及瑞士的中立国地位。此外，SNB 充足的黄金储备量也对货币的稳定性有很大帮助。

4. 经济数据

瑞士最重要的经济数据包括：M3 货币供应量（最广义的货币供应量）、消费物价指数（CPI）、失业率、收支平衡、GDP 和工业生产。

5. 交叉汇率的影响

和其他货币相同，交叉汇率的变化也会对瑞士法郎汇率产生影响。

6. 三个月欧洲瑞士法郎存款期货合约

期货合约价格反映了市场对三个月以后的欧洲瑞士法郎存款利率的预期。与其他国家同期期货合约价格的利差也可以引起瑞士法郎汇率的变化。

7. 其他因素

由于瑞士和欧洲经济的紧密联系，瑞士法郎和欧元的汇率显示出极大的正相关性。即欧元的上升同时也会带动瑞士法郎的上升。两者的关系在所有货币中最为紧密。

三、瑞士法郎的历史走势

步骤 1：图 4-4 显示，美元/瑞士法郎的汇价走势，经历了图中显示的 A、B、C、D、E、F 六个阶段。在 B 这个阶段，汇价受到金融危机影响，瑞士法郎出现了短时间贬值的情况。D 位置的汇价贬值情况，与 A 位置的贬值情况相似，是在欧洲债务危机影响下出现的。

步骤 2：虽然瑞士法郎受到危机影响短时间贬值，但是长期升值趋势未变。特别是在 2008 年金融危机以后，图中 C 段和 E 段的汇价走势便是避险投资者买

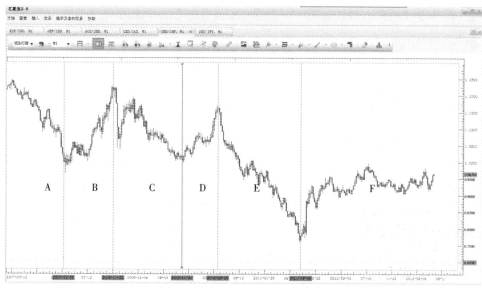

图 4-4　USD/J 瑞士法郎——历史走势

入瑞士法郎后出现的走势。在危机的情况下，瑞士法郎的避险功能被明显挖掘，瑞士法郎从金融危机后的高位 1.2100 点下挫至 0.7600 点附近，就很能说明问题。

步骤 3：随着金融危机后各国宽松政策发挥作用，世界经济出现稳定迹象，而图中 F 阶段的瑞士法郎出现贬值趋势，就说明了危机在不断远去。瑞士法郎在平日里的避险功能得不到发挥，自然出现贬值情况。

第五节　澳元/美元的影响因素

一、澳元简介

澳元是澳大利亚元的简称（英文简称是 "Aussie"）。澳元是典型的商品货币，汇率走势与金、铜、镍甚至煤炭、羊毛价格存在正相关关系。以上这些大宗商品占澳大利亚出口额的 2/3，是影响澳元走向的重要价格。

如果大宗商品价格持续飙升，澳元就会非常坚挺，而大宗商品价格下挫的时候，出口商品价格下跌必然打压澳元。从通货膨胀的角度分析，通胀高企的时候，往往是澳元表现最佳时期。一旦通货膨胀率降低，澳元价格将直线下挫。大宗商品价格的走向，是影响澳元走势的重要因素，而黄金价格又是大宗商品的代表品种，是影响澳元的重要因素。

二、澳元的影响因素

1. 石油和黄金价格

石油和黄金是典型的大宗商品，价格走势代表了大宗商品价格的运行趋势，也是影响澳元的重要因素之一。特别是黄金价格走势，当金价处于高位的时候，投资者可以逢高做空澳元；如果金价处于历史低点波动，投资者可以逢低买入澳元。总之，黄金价格与澳元一般是顺势运行，金价运行趋势也代表了澳元的走向。

2. 日本、欧洲和中国经济走向

澳大利亚是大宗商品的重要出口国，经济运行状况深受需求高经济走势影响。澳大利亚很大一部分出口商品，销往欧洲、日本和中国。因此，这三个地区经济指标出现波动的时候，也会对澳元产生相应的影响。当然从澳元/美元的汇价走向来看，与美元/日元反向，与欧元/美元、英镑/美元同向波动。

3. 利率

利率对澳元影响也非常显著，特别是当中央银行宣布新的利率决定时，澳元波动空间较大。如果利率决议与市场预期方向不一致，甚至存在很大差异，那么澳元波动空间就会非常高。利率上涨时，会短时间内拉升澳元大涨 100 点甚至几百点。当利率被下调时，澳元就会承压大跌，并且同样能够形成几百点的下跌空间。

三、澳元的历史走势

步骤 1：图 4-5 显示，从澳元/美元的汇价走势表明，金融危机以后澳元经历了大起大落的行情。图 4-5 中显示的 1 阶段，澳元出现了较大贬值。汇价从高位的 0.9700 点杀跌至 0.6200 点的低点，贬值空间在 36% 以上。随着大宗商品价格的触底反弹，澳元又在图 4-5 中的 2 阶段出现了疯狂上涨。汇价从 0.6200 点飙升至 1.1000 点的历史高位，又升值了 77% 以上。

步骤 2：澳元是典型的商品货币，货币价值跟随大宗商品价格波动。接下来的 3 阶段中，澳元从高位回落至 2013 年的 0.9000 点附近，跌幅已经高达 18%

图 4-5　AUD/USD——历史走势

以上。

步骤 3：澳元在 3 阶段的时间周期中出现大幅度下挫，不仅与大宗商品价格的下跌有关，也与澳大利亚央行的降息有很大关系。澳大利亚央行为了挽救经济，曾经连续调低基准利率，导致澳元/美元进入下跌通道中。到了 2013 年 5 月，澳大利亚基准利率已经从 2011 年 10 月的 4.75%降低至 2.75%，这也成为打压澳元的重要因素。

第六节　美元/加元的影响因素

一、加元简介

加元与澳元一样，是非常典型的商品货币。加拿大是世界第五大黄金生产国和第十四大石油生产国，大宗商品价格与加元走势之间存在很强的正相关性。通过分析大宗商品价格运行趋势，投资者就能够发现加元的运行情况。大宗商品价格走强的时候，有利于加元回升。大宗商品价格下挫之时，加元也会承压下挫。

加拿大与美国是邻国，对美国的贸易量又是加拿大的重中之重。因此，美国经济走向影响了进口能力，对加元的影响也很深远。加拿大对美国出口的依存度很高，加元也会受到美国经济涨跌的影响。

二、加元的影响因素

1. 通货膨胀水平

通货膨胀率的高低，决定了商品价格走向。特别能够影响到加元这种商品货币的走势。当通货膨胀率较高时，如果通胀长时间延续下来，大宗商品价格就会持续回升，这对出口占据主导地位的加拿大来讲是十分有利的。商品价格高位运行，有助于加拿大获得商品出口的外汇收益，从而为加元的回升提供动力。

2. 央行利率决定

央行利率水平，是影响商品价格的重要因素，也是影响经济扩张程度的因素。判断大宗商品价格走向的时候，投资者将不得不考虑利率高低。如果利率处于回调周期，那么将有助于提高通胀率，推升商品价格。

3. 经济数据

经济数据的利好和利空，对加元涨跌趋势影响很大。当 GDP 提高、失业率降低，并且处于温和通胀的时代，加元更容易出现较大的飙升行情。相反，数据不佳的情况下，中央银行更容易下调利率，从而对加元形成有效压制。经济数据的好坏，间接影响到利率水平，并且通过利率影响到加元的汇率。

4. 国际收支

国际收支状况，也是影响加元走势的重要因素。加元的出口情况如果比较理想，收支状况出现顺差的概率增加，这有利于加元表现得更加强势。相反，如果国际收支出现逆差并且逆差处于扩大趋势中，加元短线下挫的可能性就会增加。国际贸易上的顺差，能够明显推高加元走势，而逆差却会打压加元。

三、加元的历史走势

步骤 1：图 4-6 显示，美元/加元的汇价走势，明显是冲高回落的情况。受到金融危机影响，大宗商品价格先抑后扬，而美元/加元也出现了先涨后跌的情况。图 4-6 中的 4 阶段就是金融危机爆发后大宗商品价格下挫，美元/加元出现了较大的回升。当金融危机出现以后，接下来的 5 阶段中，加元出现了长时间的升

图 4-6　USD/CAD——历史走势

值，这与大宗商品价格反弹上涨有关。

步骤 2：加元本身就是商品货币，汇价受到大宗商品价格走势的影响很大。在金融危机爆发的初期，商品价格受经济不景气影响，出现了较大的杀跌。因此，这一时期的加元表现自然会出现显著的贬值。随着后金融危机时代的到来，大宗商品价格出现反弹走势。这样一来，加元自然进入回升周期中。

步骤 3：图 4-6 中的 6 阶段中，美国经济逐步复苏，美元出现了明显的回升，带动美元/加元出现上涨行情。到 2013 年初，美元/加元已经回升至 1.0500 点附近，表现出美元影响下的汇价上升势头明显。

第五章　不同交易时段买卖策略

外汇交易市场虽然是 24 小时滚动交易的方式，但不同时段的交易所是不同的。因此，在交易所转换的时候，汇价波动空间有很大差别。重要的三个交易时段，分别是亚洲时段、欧洲时段和美国时段。这三个交易时段中，属美国时段的价格波动最为强烈，而欧洲时段和亚洲时段次之。因此在交易时间选择上，投资者应该考虑在活跃的时段尽可能地获得利润，这样才容易获得成功。

第一节　亚洲时段

一、汇价波动平缓、稳定

亚洲交易时段中，包括惠灵顿、悉尼、东京和中国香港等地的交易所是主要的交易市场。亚洲交易时段的开市时间是北京时间 5：00~15：30，行情以调整为主。

1. 汇价波动特征

在亚洲交易时段的北京时间 12：00 以前，汇价波动的主要特征是价格运动方向不确定，并且以调整为主。汇价波动空间有限，因此投资者短线获利机会不多。从建仓的角度来分析，价格可能会在这个时间段出现比较好的开仓机会。但是，如果价格短时间内并没有调整到位，投资者显然应该谨慎行事。亚洲时段中，价格波动平缓，投资者开仓后的获利机会有限。

在亚洲交易时段的北京时间 12：00 以后，行情正处于酝酿时期。这个时段，交易量不断增加的同时，价格波动空间逐渐增加。投资者在这个交易时段开仓的话，风险会非常高，经常出现与大行情相悖的走势。

2. 价格运行趋势

汇价波动的主要趋势，一般不会在亚洲交易时段延续。或者说，即便汇价在亚洲交易时段的波动方向与主要趋势相同，开仓后获利空间也会有限。亚洲交易时段中，交易所涉及日本、中国香港、澳大利亚等，经济实力和交易量有限。这样，对欧元和美元等货币的炒作有限，推动价格波动空间也有限。

二、短线买卖，高抛低吸

图 5-1　EUR/USD——亚洲时段 5：00~15：30

步骤 1：图 5-1 显示，在欧元亚洲时段汇价走势图中，价格波动空间的确很小。北京时间 5：00~15：30 的交易时段，汇价波动以横向调整为主。在欧元持续回落的趋势中，价格走势基本与下跌趋势相悖或者仅仅出现非常有限的跌幅。

步骤 2：在亚洲时段，汇价的涨跌趋势与主要趋势相反。图中 A、B、C 三个亚洲时段中，汇价波动空间有限，并且都是小幅上涨的走势。即便如此，欧元的下跌却并未改变。图 5-1 中显示，在接下来的 D、E、F 三个亚洲时段中，汇价波动趋势明显处于回落状态。虽然价格跌幅不大，显示出下跌趋势中汇价的短线调整已经不能以小幅度上涨的形式出现。

步骤 3：从亚洲时段汇价走势图来看，投资者在亚洲时段的活动空间有限。

并且，如果投资者操作方向与大趋势相同的话，亚洲时段并非获利的时段。考虑汇价在亚洲时段的运行趋势与大趋势相反，因此成为投资者有效的开仓机会。

第二节　欧 洲 时 段

一、汇价波动增加，流动性增加

在欧洲时段中，包括德国法兰克福和英国伦敦两个主要的交易市场。欧洲交易时段的开市时间是北京时间 15：30~23：30，是一日中的首个主要波动时段，汇价波动空间较高。

1. 汇价波动特征

欧洲时段包括法兰克福和伦敦两个重要交易所分别开盘，汇价波动空间会在这个时候出现回升。从有效涨幅来看，汇价出现了一日中首个有效的涨跌行情。特别是北京时间 15：30~18：00，资金量增加带动交投持续活跃，主流货币出现30~80 点。

由于汇价波动空间较大，在亚洲时段已经建仓的投资者，很容易在这一时段获得高额回报。考虑临时建仓的投资者，应该关注期间的交易风险。

北京时间 19：00~20：30，是欧洲交易时段的调整阶段。这个时候，汇价波动空间有限，在汇价调整过程中，适合投资者建仓，迎接美国时段的到来。

2. 价格运行趋势

在欧洲交易时段中，汇价走势基本与大趋势相同。如果汇价正处于调整阶段，价格波动方向可能与大趋势相反。在欧洲交易时段，汇价出现一日当中第一个波动的小高潮，投资者可以获得较好的回报。

二、真假突破都会出现

步骤 1：图 5-2 显示，在欧洲时段的北京时间 15：00~18：00，汇价波动强度有所加强。图中显示，该时段的 1~6 的汇价走势中，价格波动空间明显回升。尤其是在图 5-2 中的 3、4 所示的欧洲时段，价格波动空间很高，是投资者可以进行短线买卖的时段。

图 5-2   EUR/USD——欧洲时段 15：00~18：00

步骤 2：在欧洲时段的 15：00~18：00 汇价波动强度较高，是一日中第一个有效的波动时段。价格在此期间的运行趋势明显，是投资者有利的操作机会。

考虑汇价调整的原因，图 5-2 中 1、2 两个位置的欧洲时段，价格出现了回升，与汇价下跌趋势相悖。随着调整的结束，图 5-2 中的 3、4 两个时段，汇价的下跌幅度明显增加，成为投资者非常有效的获利时机。

在图 5-2 随后出现的 5 和 6 这两个欧洲时段中，汇价分别出现了小幅反弹和小幅度下跌的情况，这样的价格走势，为美国时段价格充分波动创造了条件。

亚洲时段，汇价的波动空间可以很小，欧洲时段的价格波动空间可能也很有限，但是到了美国时段，汇价真正的运行趋势就会出现。

第三节　美国时段

一、流动性最大，价格波动充分

美国市场的外汇交易时间分为夏令时和冬令时，略有区别，夏令时为北京时间 21：30~3：00；冬令时为北京时间 22：00~4：00。由于美国拥有纽约和伦敦两大外汇交易市场，是全球最大的资本流动中心，所以在美国外汇市场的交易时间内，对全球外汇市场的影响最大，全球其他外汇市场如果开市，会对整个外汇价格形成较大的波动和影响。即使是未开市的市场，在开市后也经常会受到美国市场的巨大影响，如惠灵顿、悉尼、中国香港和新加坡等外汇市场，外汇开市时间虽然迟于美国，但开市后会受到美国市场的行情影响，外汇价格出现较大的波动。

1. 汇价波动特征

在美国交易时段中，21：00~24：00 是欧洲时段和美国时段重合的时间，也是汇价波动空间较强的时段。汇价波动的主要趋势，体现在这一时段。投资者如果已经成功建仓，那么可以在这一时段获得丰厚利润。主流货币能够形成 40~100 点的波动空间，持仓风险和获利潜力都很大。

北京时间 24：00~4：00 是美国时段的调整时间，价格波动方向可能与汇价主要运行方向相反。不过，美国重要经济数据如果在这一时段公布，那么汇价波动潜力将会非常大。如果投资者对数据的敏感性不强，不能准确判断数据对汇价走势的影响方向，那么应该考虑短线减仓或者清仓，以避免交易风险。

2. 价格运行趋势

在美国时段中，汇价波动方向一般顺应大趋势。经历了亚洲时段的蓄势和欧洲时段的第一波行情，美国时段中，汇价波动趋势更加明确，是一日中投资者最容易获得高额回报的时间段。如果投资者在欧洲时段成功建仓，那么可以在美国时段获得较高利润。

二、适合趋势交易获利

图 5-3　EUR/USD——美国时段 20：00~24：00

步骤 1：图 5-3 显示，在美国时段中，汇价波动空间较大的时间出现在北京时间 20：00~24：00 的四个小时中。图 5-3 中汇价波动空间都很高，除了 b、c 显示的美国时段波动空间不大外，其余时段汇价均以大幅下跌出现。当然，图 5-3 中 d 位置的汇价虽然以大涨出现，但并未改变汇价波动方向。在下跌趋势中，d 时间段的价格反弹走势也很重要，是价格下跌趋势的重要调整形态。

步骤 2：在北京时间 20：00~24：00 的四个小时中，汇价波动空间很高，是一日中欧洲时段和美国时段重合的时刻，也是汇价主要趋势出现的时候。在图 5-3 中的 e 显示的位置，欧元的一根 1 小时 K 线跌幅就已经高达 100 点，成为投资者非常有效的盈利点。在美国交易时段出现之前，投资者可以连续建仓。一旦美国时段出现，完成建仓的投资者很容易瞬间获得高额回报。

步骤 3：美国交易时段出现之前，汇价波动强度很小，投资者完全能够提前建仓。一旦美国交易时段来临，投资者的建仓方向如果与大趋势方向相同，短时间内获得高额回报就很容易实现。

第六章 重要的形态分析

在汇价变化过程中，K线及其组合形态，是投资者技术分析的重点内容。关于价格及其形态的问题，本章从不同形态的买卖机会上进行分析。价格形态不仅提供了汇价波动趋势方面的信息，而且提供了汇价反转信号，是投资者不得不关注的地方。汇价走势变化万千，从形态上看的种类并不多见。本书提供了常见的三角形、喇叭口形、双底（顶）形态、圆弧底（顶）形态、头肩底（顶）形态等。

第一节 三角形

一、典型形态分析

1. 对称三角形

在汇价双向波动的过程中，趋势不够明朗的情况下，价格很难顺利突破。在上有压力而下方支撑较强的时候，汇价的双向波动逐渐转变为趋于一点的三角形调整形态。投资者可以在价格波动空间萎缩的过程中短线买卖。当然，也可以在价格突破三角形的上边或者下边后顺势开仓获利。

技术要点：

①买涨信号：对称三角形的调整形态中，价格总是要向上或者向下突破。投资者能够把握的操作机会，出现在K线实体有效突破三角形上限或者下限之时。如果一根实体很长的K线成功穿越三角形上边（或者下边），那么投资者随之开仓便能够获利。K线实体向上突破，投资者买开仓可获利。汇价跌破三角形下边的时候，卖开仓则可获利。

②最小波动空间：在汇价突破等边三角形以后，价格最小的波动空间，应该相当于等边三角形的高度。也就是说，三角形的上边到下边的最大垂直距离，是投资者潜在的盈利空间。

③有效突破信号：在等边三角形调整形态中，价格最终实现突破前，调整时间会很长。特别是汇价波动空间很大，而价格收缩需要很长时间的时候，突破信号需要投资者耐心等待。在汇价宽幅波动之时，真正的突破并不是几根 K 线形态的影线能够做到的，而是需要实体很长的 K 线。

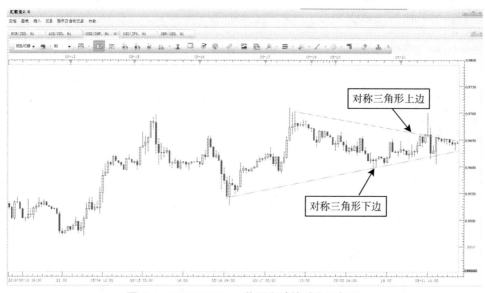

图 6-1   USD/CHF——临近突破的对称三角形

步骤 1：图 6-1 中显示，三角形的汇价形态中，投资者很容易联想到价格出现突破后的操作机会。图 6-1 中显示，三角形的调整形态中，上边和下边构成了等腰三角形 K 线形态上出现了影响，但距离真正突破还需进一步检验。

步骤 2：三角形的调整形态中，上边和下边几乎已经相交于图中的焦点，但是价格是否向上突破，可以等待阳线形成后确认。前期汇价波动方向向上，而三角形的调整形态更多地表现出强势回升的迹象，可以预计，美元/瑞士法郎向上突破的概率很高。

步骤 1：图 6-2 中显示，汇价在有效突破三角形上边以后，连续出现了回调的四根阴线。在汇价下跌调整的过程中，买点其实已经出现了。阳线实体非常明

图 6-2　USD/CHF——突破后调整的对称三角形

显，成为价格上涨的重要信号。接下来汇价向下调整为投资者创造了低价买涨机会。

步骤 2：从形态上来看，三角形已经不够完整了。汇价向上突破三角形上边，说明价格维持三角形已经不可能了。图 6-2 中突破三角形的阳线实体很长，显然是足够明确的突破信号，也是投资者可以把握好的做多机会。

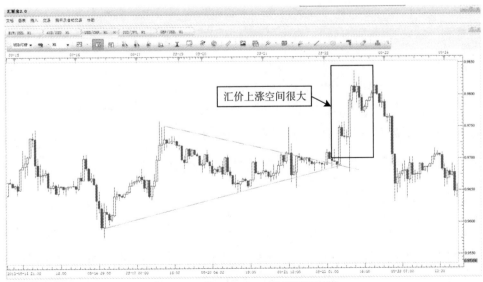

图 6-3　USD/CHF——汇价强势反弹

步骤1：图6-3中显示，有效突破只需一次就可以了，图6-3中汇价短线回调三角形上边后强势上攻。汇价首次向上突破后，投资者可以把握图中的做多机会赢得利润。事实上，三角形的上边支撑效果很好，首先突破三角形上边的小阳线出现以后，汇价再次出现了向上突破的第二根阳线，成为投资者做多的机会。

步骤2：在汇价成功向上突破以后，一根更长的阳线形成了。图6-3中显示，下影线非常长，而阳线实体又足够大的阳线出现。很长的下影线表明，三角形上边的支撑效果非常好。长阳线实体显示了三角形的支撑效果显著，汇价上升空间迅速提高。

2. 上升三角形

上升三角形的上边一般是水平的，当三角形接近完成的时候，价格多以向上突破为主。上升三角形是指向上方的，价格的低点不断被抬高，而三角形的价格高位几乎不发生变化。当上升三角形接近完成的时候，价格会加速向上突破。在三角形成功向上突破以前，投资者可以在价格双向波动的时候短线买卖。一旦价格向上回升，并且脱离上升三角形，那么买涨将持续获利。

技术要点：

①买涨信号：汇价向上突破三角形的时候，是投资者的买涨信号。三角形调整形态的规模可大可小，也许价格在很长时间并不会向上突破。一旦价格成功突破三角形上边，那么价格涨幅将会很高。

②最小涨幅：汇价向上突破三角形上边以后，价格上涨空间至少在三角形调整形态的高度。也就是说，三角形最低点到三角形上边的垂直高度，就是汇价将要回落的空间。

③有效突破位置：三角形的调整形态无须完全形成，价格只要在调整中成功向上突破三角形上边，那么接下来的盈利机会就自然形成了。从三角形的形态来看，上边和下边不一定需要相交，价格向上突破三角形上边后交易机会便会出现。

步骤1：图6-4显示，在澳元的1小时K线图中，回升的三角形形态中，三角形上边横向运行，而三角形的下边不断抬高，显示汇价强势回升的趋势明确。虽然三角形上边阻力较大，突破显然会出现。

步骤2：在三角形调整形态中，汇价进一步上升的空间很大。澳元之所以形成图中的三角形形态，与汇价高位强阻力有很大关系。回升的三角形形态表明，汇价上升趋势虽然明确，做多投资者能够快速获利的话，还需要等待价格突破三角形上边才行。

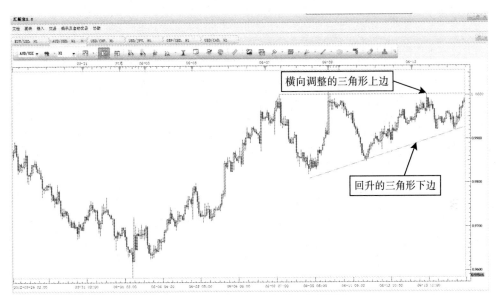

图6-4 AUD/USD——上升三角形形态

图6-5 AUD/USD——价格突破三角形上边

步骤1：图6-5显示，澳元成功突破回升三角形上边并不困难。图中实体不大的阳线就已经成功突破。接下来，汇价的波动空间显然会继续回升。回升三角形的支撑效果理想，价格上涨的空间由此被打开。

步骤2：回升三角形的上边支撑理想，汇价以三角形上边作为支撑线，震荡走强。事实上，当汇价突破三角形上边以后，价格回升趋势不温不火。与其说是三角形支撑形态在起作用，倒不如说是澳元的回升趋势促使汇价不断上行。

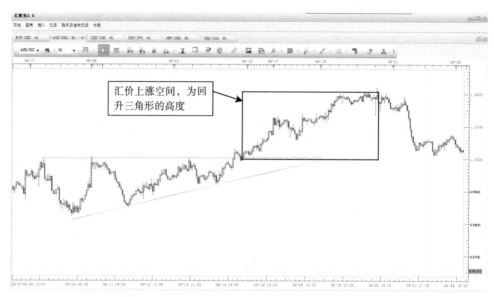

图6-6　AUD/USD——汇价涨幅达到三角形高度

步骤1：图6-6显示，汇价在回升三角形以上的上涨空间虽然不大，却也达到了前期三角形形态的高度。也就是说，三角形既是反转形态，也是投资者判断获利潜力的形态。

步骤2：从三角形反转形态完成后价格回升高度来看，汇价上升空间应该达到三角形高度才行。事实上，图中汇价上升高度已经等同三角形调整形态的高度。这种汇价上升空间恰好为调整形态高度的情况并不多见。汇价在图中高价位上出现了反转，却成为投资者做空的重要位置。

3. 下降三角形

下降三角形的底边一般为横向调整的平底，调整完成后汇价多数情况会跌破支撑线。下跌三角形的压力线指向右下方，汇价波动空间逐渐收窄的时候，下跌三角形将逐步完成调整。在价格最终跌破三角形底之前，价格围绕三角形下边和三角形的上边持续波动，短线操作机会由此出现。

技术要点：

①做空信号：汇价跌破三角形下限，是做空的信号。价格跌破三角形下限的走势可能来得很晚，回落信号一旦确认，下跌幅度将会很大。

②最小跌幅：汇价跌破三角形下限以后，价格向下最小跌幅至少为三角形最高点到三角形底部的垂直距离。投资者只要确认下降三角形已经被成功跌破，那么后市的做空利润将非常丰厚。

③有效突破位置：从突破的力度来看，下降三角形形态越完美，价格下跌惯性会越小。当汇价反弹至下降三角形高度的 1/2 或者 3/4 的位置出现突破，那么突破信号将是非常可信的。

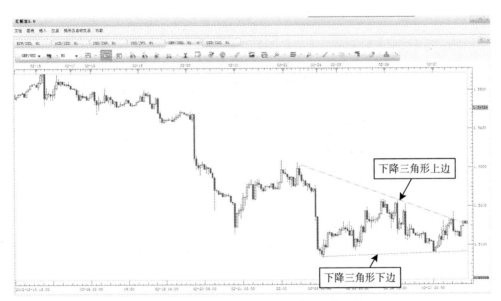

图 6-7　GBP/USD——价格下跌中的回落三角形

步骤 1：图 6-7 显示，英镑在下跌走势中形成了三角形的调整形态。价格虽然在逐步回落，但是并没有跌破前期低点。图中回落中的三角形调整形态已经形成。如果该调整三角形形态得到确认，汇价跌破三角形下边的概率很高。

步骤 2：考虑英镑的汇价变化空间较大，假突破的情况也经常出现，投资者即便开始做空，也需要做好应对假突破的准备。

图6-8　GBP/USD——汇价假突破三角形上边

步骤1：图6-8显示，英镑的回落三角形将要形成以前，价格上表现为向上的突破走势。虽然汇价已经处于三角形形态以后，但是价格继续上升动力几乎消失。图中显示，英镑横盘运行时间较长，显然是假突破后汇价滞涨的表现。

步骤2：图6-8中英镑向上突破回落三角形以后，汇价上升动力其实已经不

图6-9　GBP/USD——深跌大阴线表明真正趋势

强。如果英镑在这个时候出现较大回落，并且跌破了三角形的下边，那么做空机会就随之出现。既然英镑的假突破十分常见，那么投资者对开仓应该十分谨慎。英镑日常波动空间较大，价格波动有限的突破走势，很难成为真正的突破。

步骤1：图6-9显示，英镑虽然像是成功突破，但是价格波动空间较小。并且，从K线实体上来看，向上的突破并非汇价真正的波动方式。随着大阴线的形成，回落三角形的下边被一次性跌破，而汇价的下跌空间由此被快速打开了。

步骤2：英镑的三角形调整形态虽然明确，但价格的真实波动方向并不是一次性确认的。从英镑的价格走势来看，汇价缓慢运行中出现的突破，并不是有效的突破。真正的突破出现之时，投资者做空获利的机会又非常难以把握。

步骤3：考虑英镑的运行趋势是向下的，而回落三角形的调整方向又是回落的，这显然为投资者做空提供了机会。假突破到三角形上边以上的时候，英镑的弱势并未改变。在英镑向上突破三角形上边以后，做多的机会并未增加，反而英镑回落而投资者做空的机会在攀升。如果考虑在英镑横盘期间增加做空资金，并且将止损位置放在短线高位以上，那么投资者很容易获得高额回报。

二、精准突破的操作机会

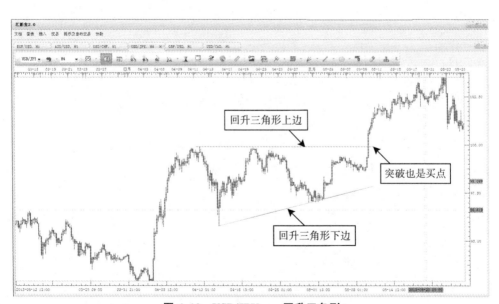

图6-10　USD/JPY——回升三角形

步骤1：图6-10显示，美元/日元的汇价处于回升趋势中，并且价格在波动过程中完成了回升的三角形形态。从图中汇价走势来看，价格向上突破前的操作机会很多。在汇价突破三角形上边以前，投资者可以短线买卖。一旦汇价突破三角形上边，那么随之而来的盈利空间就放大了。

步骤2：图6-10中三角形上边被汇价突破时，价格短时间内持续回升。从汇价向上突破的情况来看，投资者对该突破还没有做好准备，相应的操作机会就已经形成了。事实上，投资者要想获得更多的利润，可以在汇价向上突破之前开仓。

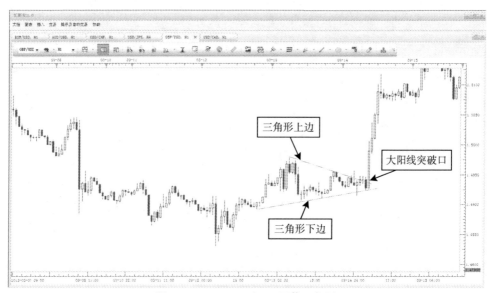

图6-11　GPB/USD——回落三角形

步骤1：图6-11显示，在英镑的1小时K线图中，价格已经明显形成了收缩的三角形形态，并且英镑在图中位置实现了向上的突破。

步骤2：图6-11中显示，回落的三角形形态中，突破口的做多信号不难发现。等边三角形的调整形态将要完成之时，汇价表现显然非常强势。大阳线突破了三角形的上边，随之而来的做多机会很快成为现实。如果投资者把握图中的做多机会，将会很快获得理想的回报。

步骤3：英镑的假突破走势虽然经常出现，但是投资者也应关注其中的操作机会。经过三角形调整形态中的双向波动，大阳线突破三角形上边非常有效。虽然大阳线突破三角形后投资者只能高位做多，依然可以获得利润。

第二节 喇叭口形

一、典型形态分析

1. 向上突破的喇叭口

在汇价震荡下挫的时候，价格下跌空间虽然很大，但是短时间内的双向波动频繁，汇价在上下两个方向上出现突破。随着波动空间的加剧，连接汇价高位和价格低点，得到明显的喇叭口形态。喇叭口形态成为价格走强的重要起点。一旦汇价向上突破喇叭口上限，那么价格会随之走强。投资者根据汇价向上突破的买点开仓，一定能够获得不错的利润。

形态特征：

①买涨信号：在汇价向上突破喇叭口上限的时候，是投资者不错的开仓机会。价格突破喇叭口上限的速度很快，突破之后自然反转也就形成了。在汇价见底回升阶段，喇叭口其实已经成为有效的反转形态。既然是反转形态，投资者在价格向上突破后开仓买涨显然可以获利。

②最小涨幅：喇叭口上限到喇叭口下限的最大垂直高度，便是投资者能够获得的最小利润。在价格向上突破以后，投资者的获利空间很容易打开。当然，汇价波动空间也可以高于喇叭口的垂直高度，这还要取决于多头趋势的大小。

③有效突破位置：在喇叭口形态中，价格脱离喇叭口上限的那一刻，是有效突破出现的位置。在汇价顺利突破喇叭口上限以后，投资者可以马上开仓买涨，理应获得不错的回报。

步骤 1：图 6-12 显示，在美元/瑞士法郎的 4 小时 K 线图中，汇价逐步回落的过程中形成了喇叭口形态。喇叭口的上边和下边都处于回落趋势中，而价格波动空间加大的时候，一根大阳线顺利突破喇叭口上边。

步骤 2：出现在价格低点的喇叭口形态，可以成为汇价反转的起始点。图 6-12 中显示，当汇价真的已经回升至喇叭口上边的时候，投资者有效的做多机会就出现了。

图 6-12　USD/CHF——回落的喇叭口形态

图 6-13　USD/CHF——小喇叭口形态

　　步骤 1：图 6-13 显示，汇价在成功突破喇叭口上边以后，喇叭口形态成为有效的反转形态。图中价格在大喇叭口上边形成了小的喇叭口形态，成为价格走强的重要买点。

　　步骤 2：较大的形态总是包含小的形态，这是汇价运行的重要特征。图 6-13

中显示的大喇叭口形态得到确认以后，真正的做多机会还需价格企稳在大喇叭口形态以上才会出现。

图 6-14　USD/CHF——汇价两次有效突破

步骤 1：图 6-14 显示，在放大的喇叭口形态中，价格波动空间逐步增大后，汇价顺利突破了喇叭口的上边。在价格逐渐企稳的过程中，投资者做多信号更加明确了。在大喇叭口形态中，汇价成功探底回升，而在小喇叭口形态中，汇价真正实现了向上回升趋势。

步骤 2：汇价成功反转一来，喇叭口的底部形态的确认需要很长时间。其中，大喇叭口形态以上的小喇叭口形成的过程，便是反转走势确认的时间了。汇价确认反转走势的时候，价格波动中的买点很多。

2. 向下突破的喇叭口

当汇价回升到一定高度后，价格波动的空间会逐步增加，双向波动的走势构成了持续扩张的喇叭口形态。之所以称作喇叭口形态，是因为汇价波动的高点几乎相同，但是价格的低点却不断创新低。分别连接汇价的高位和汇价的低点，能够得到扩张的喇叭口形态。

喇叭口形态的扩张范围很大，汇价的波动空间不断扩大，直到喇叭口形态的下边被有效跌破后，空头趋势才会真正到来。

技术要点：

①做空信号：从做空信号上看，价格会在跌破喇叭口下限的时候出现卖点。汇价在喇叭口形态中的波动空间很大，并且随着时间的推移，价格波动空间会持续回升。喇叭口形态的下限虽然之前较强，价格早晚会形成突破。即便汇价已经出现深度下跌，如果跌破喇叭口形态，那么进一步下跌的空间还是存在。投机者由此可以做空获得利润。

②最小跌幅：汇价跌破喇叭口下限以后，价格最小下跌空间，也将达到喇叭口的高度。也就是说，投资者可以根据汇价的下跌空间，判断止盈的位置。一般来看，汇价跌幅超过喇叭口高度之前，价格是不会轻易反转的。即便跌幅已经达到了喇叭口的波动空间，那么进一步的下跌概率也会很大。

③有效突破位置：喇叭口的下限支撑很强，即便汇价真的回落至此，反弹也经常不可避免。在做空的过程中，如果止损空间不大，很容易在汇价反弹的时候止损出局。在做空的过程中，有效的止损空间以及合理的仓位设置好，是获得做空利润的关键。由于喇叭口形态规模很大，投资者完全可以用尽可能合理的资金做空。倘若价格真的出现向下的突破，那么将止损点向下移动，自然也会获得高额回报。

图 6-15　GBP/USD——回落的喇叭口形态

步骤1：图6-15显示，在英镑的1小时K线图中，汇价之间冲高回落的过程中，喇叭口形态随之形成。汇价的高位不断回落，而价格低点不断创新低，这也说明了汇价的反转走势成为真正的趋势。

步骤2：图6-15中显示的喇叭口下边，汇价已经跌破喇叭口形态，表明突破方向是向下的。如果这不是一个假突破走势，显然是投资者加速做空的重要机会。如果汇价真的能够确认跌破喇叭口下边，那么随之而来的杀跌将成为现实。

图6-16　GBP/USD——汇价继续走低

步骤1：图6-16显示，英镑成功跌破喇叭口下边以后，汇价短线下跌后出现了回抽的情况。事实上，汇价反转形态得到确认后，回抽很容易形成。既然反转形态确认是有效的形态，那么投资者根本不必过多关注价格的回抽走势。即便价格回抽的力度很大，也不会突破三种形态。

步骤2：在喇叭口的反转形态得以确认后，价格回抽喇叭口下边，恰好为投资者的做空提供了帮助。当汇价从喇叭口下边加速杀跌的时候，投资者的做空回报随之放大。英镑的喇叭口形态非常明显，价格回抽不改变回落趋势。

步骤3：从英镑的价格走势来看，喇叭口形态的高位逐渐回落，反映出汇价的波动方向已经进入下跌趋势。并且，喇叭口形态的底部不断创新低，也是价格逐渐下挫的证明。在喇叭口形态中，价格波动空间逐步增大，而汇价的杀跌力度也再次增强，这也为投资者的做空提供了条件。

二、精准突破的操作机会

图6-17　GBP/USD——1倍喇叭口跌幅的反弹

步骤1：图6-17显示，在英镑的日K线图中，价格从高位回落的过程中，显然为投资者提供了做空的机会。图6-17中显示，跌破喇叭口下边的时候，是理想的做空位置。汇价并不是一次性开始回落的，价格回抽喇叭口下边无果，便是投资者最后的做空点。

步骤2：反转形态的高度，总是汇价跌破反转形态后的最小跌幅。图6-17中显示，当汇价顺利跌破了喇叭口形态以后，价格下跌空间显然已经达到了喇叭口形态的高度。也就是说，投资者可以在汇价跌幅达到喇叭口形态高度的时候开始短线止盈。

步骤3：喇叭口形态是比较复杂的形态，汇价在喇叭口形态中的波动范围很大。复杂的背后，汇价的波动趋势在逐渐明朗化。事实上，当喇叭口形态的规模达到一定程度时，相应的突破自然会出现。在操作中，喇叭口形态的扩张越大，价格双向波动的空间也会越高，投资者应该在价格突破该形态之前做好双向操作的准备。

图6-18 GBP/USD——2倍喇叭口跌幅的反弹

步骤1：图6-18显示，在喇叭口形态被跌破以后，汇价真正反弹的位置，出现在1倍H_1和2倍H_1的汇价上。当然，1倍H_1的汇价上，英镑反弹空间有限。价格冲高回落，并且再次进行跌势中。当汇价跌幅高达2倍H_1的时候，真正的反转形成了。图6-8中显示，汇价在2倍H_1的位置上强势反转，价格随之大幅度回升。

步骤2：在喇叭口形态中，价格潜在下跌空间，从喇叭口形态的高度就能得到答案。图6-18中汇价下跌的时候，喇叭口的1倍高度H_1，成为英镑短线反弹的重要看点。接下来，当英镑继续下挫至2倍H_1的时候，真正的反转出现了。

第三节 双底和双顶

一、典型形态分析

1. 双底形态

汇价波动过程中，如果价格的跌势趋缓，那么反弹走势就会出现。汇价反弹空间可以很高，并且在两次反弹后成功进入回升趋势中。在这期间，从价格形态上看，会出现两个底部抬高的双底形态，这便是投资者能够考虑买涨的信号了。双底形态持续时间越长，在双底形态中价格回升空间越大，投资者今后的盈利空间也会越高。

技术要点：

①买涨信号：汇价不断触底的过程中，双底形态自然在这个时候形成。买涨操作可以选择在价格第二次反弹的过程中。这个时候开仓买涨，价格反弹并且回升至双底颈线以上后，正是投资者盈利的机会。如果双底形态得以确认，价格的回升趋势还将延续，投资者会因此获得更高的回报。

②最小涨幅：从双底形态的颈线算起，双底形态的最小回升空间，应该是双底形态的最低点到颈线的价格高度。价格的回升空间达到双底形态的价格高度以前，投资者可以继续持仓。一般来看，明确的双底形态以上，价格会持续回升。投资者的获利空间，也绝不仅仅限于双底形态的价格高度。

③有效突破位置：从价格向上的突破位置来看，双底形态一旦完成，汇价就会向上回升。当汇价向上突破双底颈线，并且在回抽以后继续反弹上涨的时候，是有效的突破位置。双底形态的支撑效果理想，投资者在价格有效突破的时候买涨，自然可以获得较好的回报。

图 6-19　GBP/USD——英镑突破双底颈线

步骤1：图6-19显示，在英镑的4小时K线图中，价格见底以后先后出现了两次有效的反弹。当汇价第二次反弹上涨的时候，双底颈线被有效突破。在4小时K线中，双底形态更容易成为有效的看涨信号。价格突破双底颈线以后，继续回升的概率很高。

步骤2：反转形态得到确认，不仅是汇价向上有效突破，还要看汇价是否短线回调，并且确认双底颈线支撑的有效。图6-19中双底形态只完成了向上的突破，价格还未回调确认，因此投资者需要耐心等待操作机会出现。

图6-20 GBP/USD——汇价短线回调确认

步骤1：图6-20显示，英镑短线走强的时候，不仅完成了双底形态，还在图中短线调整，确认了双底的有效性。可见，该形态已经成为投资者重要的买点。双底形态得到确认之后，价格继续回升的走势也就形成了。开仓买入英镑后，有望获得不错的回报。

步骤2：既然英镑的双底反转已经得到确认，那么接下来投资者也就可以获得利润了。双底形态规模虽然不大，却可以成为英镑回升空间的量度。双底形态的高度，就是英镑回升后最小涨幅。如果回升趋势较好，做多开仓后投资者可以不断持仓获利。

2. 双顶形态

在双顶形态中，汇价波动空间很高。一旦价格顺利跌破双顶颈线，那么接下来的价格走势就清晰了。在双顶形态中，价格连续两次向上冲高，但第二个价格高位显然没有超越第一个价格高位，那么随着汇价的回落，双顶形态自然形成。价格跌破双顶形态颈线以后，做空机会就随之出现了。

技术要点：

①做空信号：在双顶反转形态中，投资者能够把握的做空信号，可以在价格第二次反弹并且见顶的时候出现。这个时候，汇价已经短线反弹至高位，却并未达到前期高位以上。K线上表现出来的见顶信号，可以看作明确的做空信号。

②最小跌幅：在双顶形态完成以后，价格最小跌幅，也会达到双顶最高点到颈线的距离。投资者如果确认双顶形态明确，可以大胆地做空，以便获得相应的回报。如果汇价上涨空间很大，并且是长期的回升趋势，那么双顶反转形态必将成为投资者长期做空的起始点。投资者从这个位置开始做空，并不会有太大问题。

③有效突破位置：双顶反转形态完成以后，价格加速回落到起始点，正是双顶颈线所在价位。颈线对价格的支撑是短期的，汇价一旦回落至颈线以下，投资者做空获利的潜力必然大增。很多时候，当汇价跌破了颈线以后，价格会出现向上回抽的情况，正是投资者做空的有利位置。

图 6-21　EUR/USD——震荡下挫的两个高位

步骤 1：图 6-21 显示，在欧元的 4 小时 K 线图中，汇价在波动过程中形成了逐步回落的两个顶部。图 6-21 中显示，汇价两次冲高后都以杀跌结束，可见双顶形态的雏形已经具备了。接下来，欧元的下跌趋势有望进一步延续，明确的做空信号也将在这个时候形成。

步骤 2：从双顶形态的价格最高位来看，汇价显然处于短线高点。这个时候，双顶反转形态将成为更可靠的做空形态。欧元在高位见顶的时候，表明做空压力很大，汇价下跌的趋势很可能加速形成。而双顶形态，正是欧元下跌的重要起点。

图 6-22　EUR/USD——跌破颈线确认双顶

步骤 1：图 6-22 显示，欧元跌破双顶颈线的速度很快，图中汇价短时间内脱离颈线，显示出空头行情中的做空压力很大。在欧元跌破双顶颈线之后，下跌趋势不大可能改变。做空动能正在快速释放，而欧元的下跌趋势才刚刚开始。

步骤 2：在双顶反转形态出现的过程中，欧元短线下跌幅度很大。即便欧元继续下跌趋势，汇价反弹的可能性很大。其中，双顶颈线将成为欧元反弹的重要阻力位。

步骤 3：既然汇价短线即将面临调整，那么投资者做空操作可以缓慢进行。如果汇价的波动是双向的，那么短时间内会出现更好的高位做空机会。即便在双顶反转形态确认以后，欧元短线回抽到双顶颈线，也是不错的卖点。

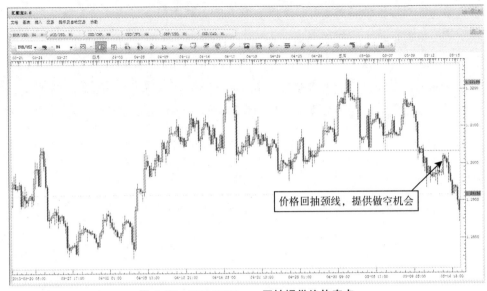

图 6-23　EUR/USD——回抽提供绝佳卖点

步骤 1：图 6-23 显示，4 小时 K 线中的欧元虽然短线跌破了颈线，但是依然出现了回抽的动作。汇价短时间内杀跌后，缓慢回抽到颈线附近，显然为投资者的二次做空提供了较好的价位。

步骤 2：汇价的波动方向总是双向的，虽然价格回抽幅度不大，却是一个不可缺少的技术性反弹走势。特别是从做空时点上看，如果价格的回落并没有达到更好的时点，那么短线回抽必不可少。

步骤 3：双顶形态出现以后，价格下跌空间没有达到双顶高度之前，不可能轻易结束。欧元短线反弹的走势并非主要趋势，价格继续回落将成为现实。当汇价首次跌破双顶颈线的时候，价格回抽还是会出现。随着趋势的确认，欧元跌幅将会更深，而反弹幅度获得的利润要比做空小得多。

二、精准突破的操作机会

步骤 1：图 6-24 显示，英镑的 4 小时 K 线图出现了显著的反转信号。双底形态在很短的时间内形成了。价格突破双底形态以后，投资者买涨在双底颈线附近，获利空间至少可达到双底高度 H_2 的位置。图 6-24 中显示，双底形成以后，

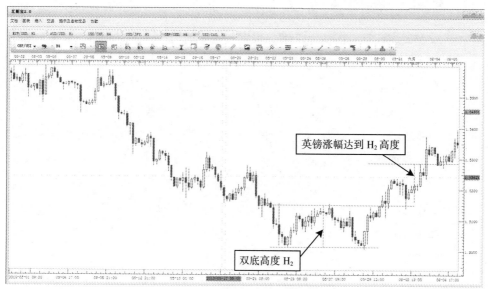

英镑涨幅达到 H_2 高度

双底高度 H_2

图 6-24　GBP/USD——英镑双底形态

汇价强势回升，从双底颈线算起的涨幅已经高于 H_2。

　　步骤 2：从英镑的运行趋势来看，4 小时 K 线的双底反转已经明显形成。价格短线反弹速度很快，在相同的时间里，汇价上涨空间要高于前期下跌趋势中的跌幅，显示多方控制了汇价波动方向。在双底形态支撑下，汇价上涨趋势明确。

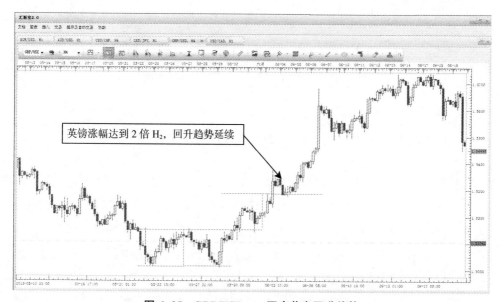

英镑涨幅达到 2 倍 H_2，回升趋势延续

图 6-25　GBP/USD——双底奠定回升趋势

短时间来看，投资者并不需要在获利的时候轻易止盈。反弹走势持续进行的过程中，从双底颈线算起，汇价上涨潜力很大，最终何时停止回升走势，还需根据具体情况判断。

步骤1：图6-25显示，汇价在双底形态完成以后，很快就从涨幅 H_2 的位置企稳回升。虽然双底形态之上，汇价在涨幅达到双底高度的价位出现回调，但是调整空间并不大。汇价还是延续了回升趋势，投资者可以在盈利的情况下推高止损位置，这样即便股价短线调整，止损位置没到，还是可以继续持有获利。

步骤2：在反转走势中，汇价上升速度总是出现快速和慢速回升阶段。在反转形态出现以后，价格回升速度并不快。一旦汇价上涨空间达到2倍 H_2 的高度，英镑将开始加速回升。

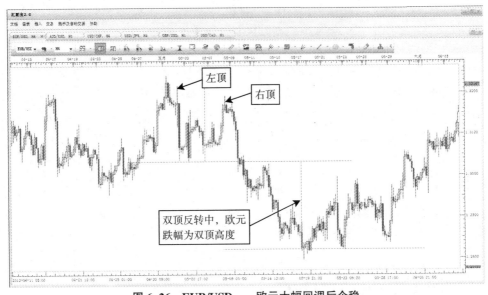

左顶

右顶

双顶反转中，欧元
跌幅为双顶高度

图 6-26　EUR/USD——欧元大幅回调后企稳

步骤1：图6-26显示，欧元在高位下跌前曾经出现两个明显回落的顶部形态。图6-26中显示，左边顶部的高度要高于右边顶部，而价格短线回落的低点相似，表明趋势已经在走弱当中。接下来，汇价一举跌破双顶颈线，显示出做空信号已经明朗化。在汇价跌破双顶颈线以后，汇价持续回落至相当于双顶高度的汇价位置，为做空投资者提供了盈利机会。

步骤2：值得肯定的是，欧元虽然短线下跌，但是汇价跌破颈线以后，出现了明确的回抽走势。图中 A 位置就是最为显著的回抽走势。投资者可以利用价格回抽颈线的情况做空欧元，以便尽可能地高位做空获利。

第四节 圆弧底和圆弧顶

一、典型形态分析

1. 圆弧底形态

在汇价持续回落期间，价格跌幅较大，而汇价继续下跌的动能几乎消失。这样一来，汇价在下跌趋势减弱的时候出现了缓慢的回升迹象。圆弧底的反转形态就在这个时候出现了。圆弧底的持续时间较长，短时间看来，汇价上涨空间不高。从反转走势形态上分析，如果圆弧底真的已经完成，那么接下来的突破将是投资者开仓做多的机会。圆弧底的反转趋势是在中长期延续的。反转形态一旦得到确认，汇价将会突破前期高位，投资者趁机买涨开仓也就能够获得利润了。

技术要点：

①买涨信号：在圆弧底形态得到确认以后，价格如果顺利突破圆弧底的颈线，那么将是投资者买涨的信号。价格回升至圆弧底的颈线以上，本身就说明反转走势比较有效，投资者在这个时候开仓做多没有任何问题。

②最小涨幅：在圆弧底形态得到确认后，通常意义上的最小涨幅，是圆弧底最低点到圆弧底颈线的距离。当然，考虑到圆弧底反转形态中，汇价是在加速回升中冲高的，因此，投资者获利空间一般会远远超过圆弧底的高度。

③有效突破位置：价格有效突破圆弧底反转形态以后，短时间内还是会出现回调走势的。圆弧底的反转形态与其他反转形态一样，确认反转形态需要汇价调整到位。当汇价向上突破了圆弧底的颈线，并且短时间内回调颈线确认支撑，那么接下来的走势就明确了。

步骤 1：图 6-27 显示，在英镑的 4 小时 K 线图中，汇价从 1.5400 点大幅度回落至 1.5200 点附近，大跌了 200 点。汇价下跌的过程缓慢，并且期间出现了多次较大的反弹。随着反弹空间的萎缩，英镑在价格底部稍稍调整，便快速飙升

图 6-27　GBP/USD——大阳线突破圆弧底颈线

至前期高位附近，完成了圆弧底部反转形态。

步骤 2：当汇价突破圆弧底的颈线以后，对应的买点其实已经形成。一根阳线是突破阻力的信号，而汇价短线调整也是多空双方调仓以便适应新的多头趋势做出的正常反应。在汇价突破圆弧底颈线以后，投资者可以适当开仓买涨。相信

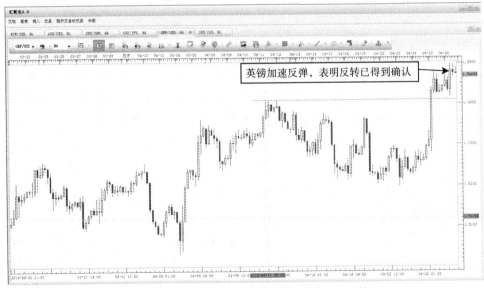

图 6-28　GBP/USD——阳线反弹确认圆弧底支撑

在大阳线突破圆弧底颈线以后，相应的价格回升趋势会加速出现，投资者可以获得做多利润。

步骤 1：图 6-28 显示，英镑的 4 小时 K 线的阳线反弹形成以后，价格向上回升的速度很快。图 6-28 中显示，汇价从圆弧底的颈线开始反弹上涨，买涨的信号再一次得到确认。随着圆弧底逐渐发挥支撑作用，英镑的回升有望得到延续。操作上，可以在盈利的基础上增加多单，有望扩大买涨利润。

步骤 2：反转形态虽然明确，价格从反转形态的颈线走强，需要投资者判断具体的开仓位置和开仓时间。开仓位置当然在颈线对应的汇价附近。开始时间的选择，需要投资者判断汇价企稳过程中需要的调整时间。有些时候，汇价可以在反转形态完成以后快速走强。当然，英镑的走势并非如此，是在连续 7 根调整阳线出现以后，才开始走强的。在汇价突破圆弧底那一瞬间，提前买涨的投资者就需要等待汇价上升再获取利润了。

2. 圆弧顶形态

汇价上涨乏力的时候，价格在单位时间内的涨幅不断减小，直到价格真正见顶以后，圆弧顶的反转形态便会逐渐形成。圆弧顶的反转形态中，完成圆弧顶的时间很长，价格一旦跌破圆弧顶的颈线，随之而来的下跌趋势将会很大。投资者如能发现圆弧顶的反转形态，在该形态得到确认以后采取行动，必然获得高额回报。

技术要点：

①做空信号：圆弧顶形态中，价格跌破最具支撑意义的颈线以后，才是投资者真正的有效做空信号。颈线对价格走势的影响很大。真正具有很强支撑力度的颈线，不可能被轻易跌破。当汇价跌破颈线后，是投资者不错的卖开仓信号。

②最小跌幅：圆弧顶形态得到确认后，汇价下跌的速度很快将到达圆弧顶的价格高度。也就是说，圆弧顶反转走势中，汇价最小跌幅，在颈线到圆弧顶最高价之间的距离。

③有效突破位置：当汇价有效跌破了圆弧顶颈线以后，价格下跌空间将会迅速加大。实际上，汇价可能不是一次性开始回落的，而是在回抽颈线失败后开始加速回落的。这样一来，投资者的做空回报将很快被放大。从获利角度看，投资者的盈利空间将因此出现。

图 6-29　AUD/USD——圆弧顶确认前的反弹

步骤 1：图 6-29 显示，澳元的 1 小时 K 线表明，在圆弧顶反转形态得到确认前，曾经出现了明显的两次反弹走势。图中矩形区域，就是汇价短线反弹的位置。虽然汇价跌破圆弧顶之前，反弹走势明确。但是，并不是说圆弧顶就不具备反转意义。事实上，在汇价有效上涨之前，短线反弹很可能是大跌前的调整。

图 6-30　AUD/USD——跌破圆弧顶的大阴线

步骤 2：从趋势上判断形态的有效性，要比从价格反弹中发现操作机会容易得多。澳元的圆弧顶形态规模很大，而汇价短线反弹空间却非常有限，这也容易让人联想到反转形态的向下趋势。从操作上来看，投资者可以在汇价反弹期间做空。如果投资者在汇价反弹期间做空获利，并且汇价进一步跌破了圆弧顶颈线，那么操作方向就完全顺应趋势了。

步骤 1：图 6-30 显示，澳元从汇价的高位杀跌后，一根阴线跌幅高达 200 点以上，圆弧顶反转形态不仅得到确认，汇价下跌后远远脱离了圆弧顶的颈线。可见，澳元运行趋势未变，而价格回落期间的突破更是瞬间完成。投资者如果能够把握住高位做空的机会，获利是没有问题的。只是从做空位置上看，投资者并不容易发现卖点。

步骤 2：从价格波动趋势来看，澳元圆弧顶的反转形态，毫无疑问是下跌趋势的重要看点。虽然汇价短线小幅上涨，大阴线跌破圆弧顶颈线的走势突破了圆弧顶颈线的强支撑。当汇价从高位跌穿圆弧顶颈线的那一刻起，做空投资者获利空间已经瞬间放大。

二、精准突破的操作机会

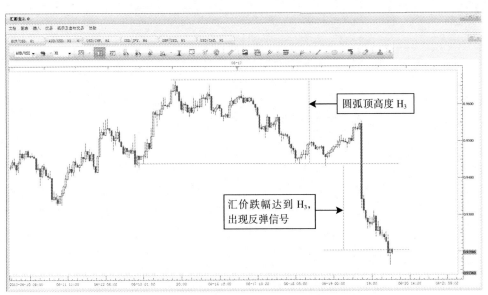

图 6-31　AUD/USD——回落走势止于 H₃ 位置

步骤 1：图 6–31 显示，澳元 1 小时 K 线图表明，在圆弧顶形态完成后，汇价大幅杀跌。圆弧顶的高度为 H_3 的话，那么汇价跌幅达到了 H_3 深度的时候，短线反弹信号出现了。图 6–31 中 1 根探底回升的小阳线，恰好为投资者做多信号。从探底回升小阳线开始，大跌之后的反弹将会形成。

步骤 2：操作上看，对于已经获得做空收益的投资者，可以在汇价跌幅达到 H_3 的时候止盈。如果是买涨的话，投资者还需要等待更好的机会。如果汇价在跌幅达到 H_3 的时候出现有效回升，那么投资者从短线操作的角度分析，可以用少量资金买涨把握住利润。

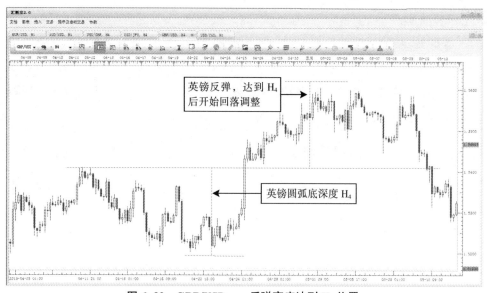

图 6–32　GBP/USD——反弹高度达到 H_4 位置

步骤 1：图 6–32 显示，在英镑的 4 小时 K 线图中，圆弧底反转形态作为起点的回升走势中，英镑短线回升空间已经在圆弧底深度 H_4 的高度。从圆弧底的底部到颈线的汇价来看，H_4 高度在 200 点以上。如果投资者把握住这 200 点的做多利润，已经是不错的收益了。当圆弧底反转形态确认以后，投资者可以买涨在汇价突破圆弧底颈线的时刻。

步骤 2：圆弧底形态成为英镑回升的反转信号，汇价虽然冲高回落，但波动空间很大。从汇价波动趋势上来看，英镑处于回升趋势中，而圆弧底形态是汇价继续回升的支撑形态。从短线来看，圆弧底能够支撑汇价继续回升。从英镑运行趋势看，处于回升趋势的英镑，在圆弧底支撑作用下也能够持续走强。

第五节　头肩底和头肩顶

一、典型形态分析

1. 头肩底

头肩底形态中，价格在三次探底中完成反转走势。汇价首次探底阶段，形成了头肩底的左肩，第二次探底的价格更低，完成了头肩底形态的头部。接下来，汇价第三次探底的价格相对左肩和头部都要高一些，成为头肩底反转形态中的右肩。价格从头肩底形态中反转回升，最终成为投资者盈利的起始点。当头肩底反转形态得到确认，而价格顺利向上突破颈线时，便是投资者采取行动做多的时刻。

技术要点：

①买涨信号：头肩底形态中，价格波动空间较大，而投资者能够获利的操作机会很多。如果投资者在头肩底形态完成之前采取短线操作，也同样能够获得利润。等待价格向上回升，并且突破了头肩底形态的颈线以后，将是投资者做多并且获利的机会。头肩底形态持续时间较长，突破时的开仓信号明确，投资者可以轻松把握操作机会。

②最小涨幅：头肩底形态得到确认后，价格回升的空间，至少会达到颈线到头部的高度。如果投资者从价格突破颈线后做多，获利空间与头肩底的反转形态高度一样。在复杂的头肩底反转形态中，价格回升的潜力很大。投资者只要把握好操作位置，自然能够获得不错的利润。

③有效突破位置：当汇价有效突破头肩底颈线以后，那么随之而来的做多机会就会出现。有效的头肩底形态总是伴随着汇价回调颈线，以便确认反转走势的有效性。在这期间，投资者能够做多的机会很多。价格反复确认突破的时候，投资者可以连续开仓做多，以便获得价格反转中的利润。

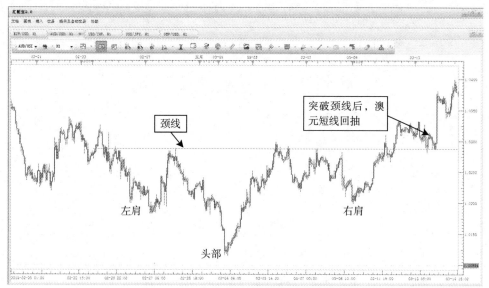

图 6-33 AUD/USD——澳元头肩底形态

步骤 1：图 6-33 显示，在澳元的 1 小时 K 线图中，非常显著的头肩底形态，构成了澳元回升的起始形态。从图 6-33 中可以看出，澳元不仅在头肩底出现后强势回升，并且在突破头肩底颈线后短线回抽确认了反转的有效性。头肩底形态的规模很大，而汇价完成头肩底以后显然已经步入回升趋势。

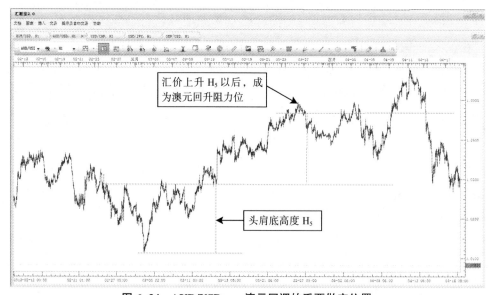

图 6-34 AUD/USD——澳元回调的重要做空位置

步骤 2：在澳元完成头肩底形态的过程中，明确的做多机会出现在颈线位置。当汇价突破头肩底颈线的时候，表明头肩底的反转形态具备了"雏形"。接下来，汇价高位回调颈线，确认头肩底反转形态的有效性，是非常重要的一环。也就是说，投资者可以在汇价向上突破颈线，以及汇价短线回调的两次做多机会中买涨获利。

步骤 1：图 6-34 显示，澳元的头肩底形态支撑汇价震荡走强。和所有的反转形态一样，澳元汇价突破了头肩底颈线以后，回升空间也达到了头肩底的高度。也就是说，如果头肩底形态中的颈线到头部的高度是 H_5 的话，那么汇价上涨空间也达到 H_5 的时候出现了调整。

步骤 2：从头肩底反转形态来看，汇价反转以后上升空间达到了反转形态的高度，那么投资者必须时刻关注可能会出现的回调走势。从头肩底形态颈线算起，汇价上升空间达到 H_5 高度的时候，投资者可以考虑向上推高止损位置。一旦价格回调，投资者尽快离场也可获得不错的利润。

2. 头肩顶

在头肩顶形态中，典型的三个价格高位是该形态的重要特征。汇价在三次冲高过程中，首次冲高形成左肩，第二次冲高回落形成头部，右肩是在最后一次反弹的时候形成的。其中，头肩顶的头部最高，而右肩相比左肩低，这样在价格跌破头肩顶的颈线后，随之而来的做空就会出现。

技术要点：

①做空信号：投资者做空的位置，出现在价格跌破头肩顶颈线以后。汇价在连续三次冲高失败后，最终以下跌结束了反弹走势。这个时候，颈线作为头肩顶的重要支撑位置，是不容忽视的卖点。一般来看，汇价从高于头肩顶的价位开始快速回落，是更明显的下跌走势。投资者可以借机做空获利。

②最小跌幅：颈线到头肩顶的顶部最高价，是汇价最小下跌空间。如果头肩顶是有效的反转形态，并且处于汇价大幅度上涨的价格高位，那么投资者做空获利空间远不止于头肩顶的价格高度。头肩顶的反转形态也只是起始点，最终的下跌空间还需时间检验。

③有效突破位置：当汇价有效跌破颈线以后，价格进一步的下跌空间会迅速膨胀。头肩顶反转形态只是个起点，而接下来投资者的获利空间会持续加大。汇价最有可能在跌破颈线后短线回抽颈线，这是投资者最后的理想做空位置。

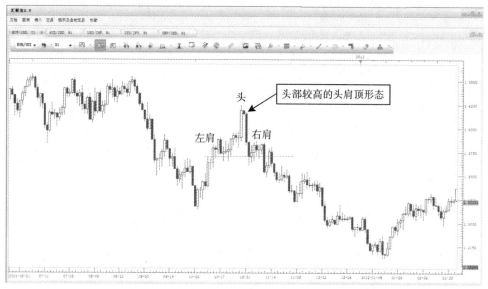

图 6-35　EUR/USD——日 K 线中的头肩顶形态

步骤 1：图 6-35 显示，欧元的日 K 线图表明，汇价在回落趋势中出现了头肩顶的反转形态。头部很高，而左肩和右肩高度有限。并且，右肩的收盘价显然低于左肩的最高收盘价，可以判断头肩顶形态已经形成。在汇价持续回落的过程中，欧元的头肩顶形态成为结束反弹走势的反转形态，同时也是投资者做空的重要信号。

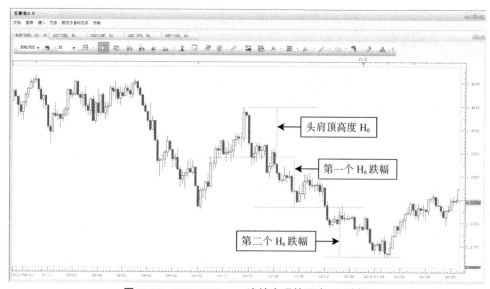

图 6-36　EUR/USD——连续出现的两个 H_6 跌幅

步骤2：作为下跌趋势中的反转形态，头肩顶无疑是投资者应该关注的形态。该反转形态复杂，一旦成为汇价回落的反转形态，那么短期看来汇价下跌趋势将得到延续。事实上，在汇价持续下挫的过程中，复杂头肩顶形态形成时间较长，是汇价持续回落的重要看点。如果投资者采取做空操作，那么获利空间必然会非常丰厚。

步骤1：图6-36显示，从头肩顶颈线被跌破算起，日K线中的欧元跌幅已经达到了两个H_6的高度。H_6是头肩顶的价格高度，两倍的H_6的跌幅出现以后，欧元才开始真正的反弹走势。根据头肩顶的高度以及汇价的下跌趋势，做空欧元获利并非难事。既然头肩顶出现在日K线中，那么投资者可以在日K线判断价格的回落空间。

步骤2：头肩顶形态出现以后，汇价下跌到第一个H_6后，价格恰好处于前期低点附近。考虑到接下来汇价继续下挫，并且在反弹后轻松跌破了前期低点支撑，再次回落后累计跌幅轻松达到了两倍的H_6。

二、精准突破的操作机会

图6-37 USD/CHF——头肩底为支撑的反弹

步骤1：图6-37显示，汇价在4小时K线中形成了有效的头肩底形态。图中头肩底的头部很深，汇价在这个位置的跌幅较大。一旦头肩底反转形态得到确认，汇价便快速企稳在头肩底颈线以上。

步骤2：从美元/瑞士法郎的汇价走势来看，价格回升的速度并不快。当持续时间很长的头肩底出现以后，汇价才开始快速冲高。也就是说，汇价在下跌过程中持续很长时间震荡。在汇价突破头肩底颈线以后，价格虽然涨幅相当于头肩底的高度，但汇价上升速度很快，成为投资者做多盈利的重要机会。

图6-38　USD/CHF——短线头肩顶

步骤1：图6-38显示，在美元/瑞士法郎的4小时K线图中，汇价明显出现了头肩顶形态。虽然头肩顶的颈线是向上的，但这并不影响形态本身的做空信号。汇价跌破头肩顶颈线以后，反转形态宣告完成。从这个位置开始，汇价将步入震荡下挫的趋势中。作为汇价回落的起始点的头肩顶形态，也成为投资者做空的起点。

步骤2：在头肩顶形态中，颈线之所以处于回升趋势中，是因为汇价处于反弹阶段。这个时候，颈线既是头肩顶的颈线，也是汇价回升的支撑线。如果汇价短线跌破了头肩顶颈线，那么随之而来的做空机会当然会出现。

从头肩顶的左肩与右肩高度判断，投资者很容易看出左肩要低于右肩。但是这并不影响头肩顶形态的出现。头肩顶颈线处于回升趋势，因此造成了右肩高于左肩的情况。

汇价两次回抽颈线，可以看作显著卖点

图6-39 USD/CHF——头肩顶形态后汇价大跌

步骤1：图6-39显示，在美元/瑞士法郎的4小时K线图中，汇价跌破了头肩顶颈线以后，汇价先后两次回抽到颈线，明显是做空的信号。头肩顶的颈线附近做空压力很大，汇价虽然短线反弹，但都以失败告终。可见，反转形态具备了明显的看跌意义。

步骤2：汇价从更高的位置下跌的时候，对多方的杀伤力会更大。也就是说，汇价在深度回落以前，必然会先拉升一下。等到汇价被拉升至重要的压力位置，做空打压汇价才能更好地完成。

从美元/瑞士法郎的汇价走势来看，虽然汇价在跌破头肩顶颈线后两次回抽，但都以失败结束。在两次汇价回抽动作完成后，价格下跌的速度更快了。大阴线成为汇价下跌的重要看点，期间也曾穿插出现过一些小的K线形态，但是不改变价格的回落趋势。

第七章 斐波那契分析

在斐波那契分析中，关于黄金分割线的问题，始终是投资者关注的重点。外汇交易的价格变化规律，同样遵循黄金分割线的原理。判断价格的支撑位置、阻力位置，以及相应的买卖的获利空间，都离不开黄金分割线。黄金分割线虽然非常简单，却是投资者不得不考虑的分割线。对价格不同时期波动情况的判断，黄金分割线提供的帮助很多时候都是非常有效的。

第一节 斐波那契回调位置分析

关于斐波那契数列 1、1、2、3、5、8、13、21、34，很多投资者都知道。基于斐波那契数列的黄金分割数值在外汇技术分析中的作用，投资者也应充分理解。黄金分割数字的重要比率包括 0.238、0.382、0.5、0.618、0.809 等。对外汇价格走势中压力和支撑的判断，投资者可以从这些黄金分割位置上发现买卖时机。

外汇价格波动异常频繁，而汇价将会在哪些价位遇到阻力，在哪些价位上出现反转走势，其实黄金分割线早已经做出提示。投资者要做的事情，是找出这些反转点，并且根据实际情况判断操作方向。

一、0.382 的小幅调整

0.382 的黄金分割比率，是汇率波动过程中最为常见的短线调整位置。在汇价波动的过程中，0.382 的分割线上价格涨跌幅度不大，也很容易出现短线调整。即便汇价单边运行的趋势得到延续，0.382 对应的阻力也很难被一次性消化。如果汇价短线回调至 0.382 的黄金分割线，那将是趋势延续过程中投资者开仓的机会。

技术要点：

①起点和终点：黄金分割线的起始点选择上，可以分别在价格的高位和低点。如果汇价正处于反弹时期，那么黄金分割线的起点应该设置在最近的价格低点，高位设置在重要的价格顶部。如果汇价处于冲高回落阶段，那么起始点应该选择在最近的价格高位，终点可以设置在前期价格的重要底部对应的价位。

②价格遇阻形式：汇价波动到 0.382 的黄金分割线上，价格波动空间并不是很大。即便如此，汇价依然会在这个位置遇到强阻力。设法改变汇价波动方向的价格走势，总能在反转过程中遇到阻力，而 0.382 的黄金分割线，是这种阻力的最重要位置。

③常见突破方法：如果汇价正处于反弹阶段，那么大阳线回升突破 0.382 的阻力位是必不可少的。大阳线是一次性完成的回升走势，能够在很短的时间里突破阻力，这种突破效果值得肯定。当然，如果汇价正处于冲高回落阶段，那么跌破 0.382 支撑线的，无疑应该是一根实体较长的大阴线。大阴线的回落空间较大，黄金分割线的 0.382 很难形成有效支撑。即便汇价在 0.382 的黄金分割线上短线反弹，也不容易阻碍汇价的回落。

图 7-1　USD/JPY——0.382 遇阻回调

步骤1：图7-1显示，在美元/日元的1小时K线图中，汇价已经出现了强势反弹，但0.382的阻力很大，高位下跌的大阴线成为这种阻力存在的重要信号。0.382的阻力位存在的情况下，汇价很难在短时间内突破。特别是在1小时K线中，价格冲高回落后频繁确认高位阻力。

步骤2：从短线操作来看，0.382的阻力位不失为做空的理想位置。汇价虽然明显止跌反弹，但阻力位在压力不会轻易消失，汇价弱势回升的走势很容易就在0.382附近遇阻。美元/日元的两次冲高回落就很能说明问题。

步骤3：既然0.382的分割线附近阻力很大，那么投资者提前埋伏空单还是不错的做法。只要止损设置合理，那么一旦汇价冲高回落，便可很快获得做空回报。

如果投资者在0.382附近埋伏空单，止损位置可以定在黄金分割线的0.5附近。0.5附近的做空压力很大，而汇价也很容易在这个位置遇阻回落。

图7-2　USD/JPY——大阳线突破0.382阻力

步骤1：图7-2显示，在美元/日元的1小时K线中出现了飙升阳线。这根大幅回升的阳线，不仅突破了0.382的黄金分割线，还达到了0.5的黄金分割线以上。很显然，阳线突破了分割线阻力，汇价将进一步向上挑战更高的分割线。

步骤2：从大阳线收盘价格来看，虽然明显突破了0.382的黄金分割位置，但是还没有突破 0.5 的黄金分割线。这表明，更高的黄金分割位置，需要更长的时间才能突破。如果投资者在汇价向上突破之前就开始做多，可以在价格遇阻 0.5 的黄金分割线附近考虑减仓，这样更容易获得成功。重要的黄金分割线存在较大阻力，价格总是在更大范围内调整，才会出现更好的表现。

步骤 3：图 7-2 中出现的一根大阳线，实体上涨空间多达 100 点以上，显示出突破的力度很大。虽然简单的一根大阳线并未有效突破 0.5 的黄金分割线，但接下来汇价很快将延续回升趋势。

图 7-3　GBP/USD——反弹遇阻 0.382

步骤 1：图 7-3 显示，英镑的 1 小时 K 线图表明，汇价大跌趋势早已经得到确认，但是大跌之后还是出现了反弹的情况。图 7-3 中显示，英镑短线反弹至 0.382 的黄金分割线附近，显然已经成为投资者做空的机会了。

步骤 2：0.382 的阻力很强，汇价首次反弹到这个位置，还没有接近便早早地回落下来了。考虑英镑的回落趋势明确，而汇价冲高幅度不大，便遇阻 0.382 的黄金分割线，成为投资者理想的做空时机。

步骤 3：在跌势中，英镑这种反弹后遇阻的情况，很容易被投资者把握住做空机会。汇价还未真正企稳，任何反弹都将以回落结束，英镑的这种冲高到 0.382 的黄金分割线遇阻回落的走势，正说明了这个问题。

图 7-4 GBP/USD——下跌趋势得以延续

步骤 1：图 7-4 显示，英镑遇阻 0.382 的黄金分割线，显然是下跌趋势中重要一环。汇价不仅反弹遇阻，而且在接下来的交易时间里再次创新低，显示出汇价继续看跌的大趋势未变。

步骤 2：在使用黄金分割线的时候，首先确认汇价的波动方向至关重要。在趋势确定的情况下，使用黄金分割线就能够获得比较好的效果。英镑反弹幅度没有达到 0.382 的黄金分割线，是因为汇价的波动方向还是向下的。在汇价下跌趋势未变，操作上把握价格高位放空是必要的。

步骤 3：黄金分割线 0.382 属于短线的调整位置，汇价反弹至此，上升空间并不高。这样一来，如果汇价提前出现折返，只能说趋势面前价格单边下跌还是会延续。操作上看，投资者做空思路不应进行太大调整。

二、0.618 的大幅调整

0.618 的黄金分割率，对应的汇价波动空间较大，容易成为短线操作的重要盈利位置。不管怎样，0.618 的阻力位上，汇价波动空间会加剧。还未顺利突破 0.618 的黄金分割线一期，这一位置是非常重要的压力来源。一旦汇价短线突破了 0.618 的黄金分割线，价格回调二次确认也是常有的价格走势。

0.618 的黄金分割线上，价格波动空间很大。如果价格能够顺利突破 0.618

的黄金分割线，那么接下来的走势就明朗了。0.618 的黄金分割线上，阻力虽然很大，但价格以该分割线为跳板，大幅度波动的概率很高。在黄金分割线的 0.618 附近，但投资者能够操作的机会很多。根据汇价的运行方向，投资者判断买卖时机很容易获得成功。

技术要点：

①遇阻 0.618 的价格走势：当汇价波动到 0.618 的黄金分割线以后，价格会出现明显的调整迹象。事实上，0.618 的黄金分割线的阻力非常强，价格即便短线突破了这个分割线，收盘上也会体现出回落的情况。不管汇价是处于回升趋势，还是出现了高位下挫的情况，黄金分割线的 0.618 位置都可能与阻力出现回调的走势。

②汇价回调力度：0.618 的分割线上阻力较强，汇价达到该分割线以后很可能回调至 0.382 的黄金分割线。0.382 的黄金分割线很容易被突破，突破之后成为汇价折返后的支撑位置。在汇价反弹上涨期间，价格经常会遇阻 0.618 并且回落至 0.382 寻求新的支撑。这样的话，投资者开仓做多就很容易获得成功了。

③突破后的趋势方向：在汇价波动过程中，0.618 是阻碍汇价运行的最重要阻力位。如果汇价能够突破 0.618 的阻力位，并且确认突破的有效性，那么连续运行的趋势就可以确定了。汇价在突破 0.618 的阻力位置以后，便可持续不断地

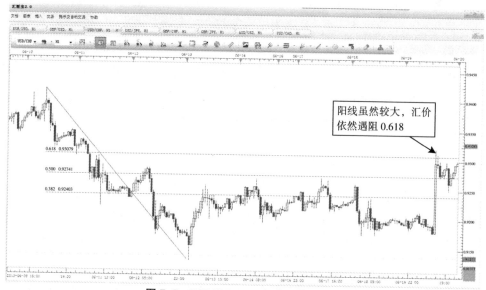

图 7-5　USD/CHF——汇价遇阻 0.618

延续这种运行趋势。投资者把握好趋势中的盈利机会，自然能够获得不错的利润。

步骤1：图7-5显示，从美元/瑞士法郎的1小时K线走势来看，汇价在大阳线上涨的过程中，明显突破了0.382和0.5的黄金分割线。但是，0.618的黄金分割线还未被有效突破，显示这个位置的阻力还是很强的。

步骤2：从大阳线遇阻的位置来看，显然正是0.618的黄金分割线附近。汇价短线下跌的两根中阴线，分别调整到0.5的黄金分割线并且接近了下方的0.382的分割线。这表明，0.382、0.5和0.618的黄金分割线限定了短期汇价的波动空间。

步骤3：从汇价低点向汇价高位画的黄金分割线，对价格短线反弹起到了压制效果。汇价反弹至黄金分割线的时候，投资者完全可以将反弹当作短线价格变化看待。虽然汇价依然延续了反弹的走势，但是短时间难以判断反弹强度如何。在大阳线出现以后，汇价在0.382和0.618的黄金分割线之间波动，投资者能够发现其中的操作机会。

图7-6 EUR/USD——4小时K线中有效反弹

步骤1：图7-6显示，在欧元/美元的4小时K线图中，汇价显然从高位下挫，并且持续跌破了0.382~0.5的支撑位，表明欧元逐步回落的大趋势。

步骤2：在欧元回落的下跌趋势中，判断这期间的操作机会，投资者可以从最容易入手的 0.618 分割线开始。即便欧元的下跌趋势依然延续，当汇价跌破重要的 0.618 分割线后，依然存在反弹的可能性。

步骤 3：从 4 小时 K 线形态来看，已经有多根探底回升 K 线，证明了 0.618 支撑的有效性。图 7-6 中显示，汇价从 0.618 附近反弹上涨，短线回升到 0.382、0.5 的黄金分割线的位置。

图 7-7　EUR/USD——0.618 附近的强阻力

步骤 1：图 7-7 显示，欧元虽然在 0.618 的黄金分割线上强势反弹，但是下跌趋势依然在反弹后得到延续。从后市来看，黄金分割线的 0.618 只起到了短时间维持价格高位运行的目的。随着反弹快速结束，欧元跌幅很快得到放大。

步骤 2：在汇价跌破支撑位以后，反弹必然在相应的位置上与阻力回落。图 7-7 中显示，欧元 4 小时 K 线中价格反弹高度很大，但很快就形成了一根回落大阴线。大阴线上影线很长，恰好达到了黄金分割线的 0.5 附近，而大阴线的开盘价格在 0.618 的黄金分割线，并且汇价从这个位置大幅杀跌。

步骤 3：从黄金分割线对价格走势的影响来看，0.382 的黄金分割线起到的作用要弱于 0.618 的黄金分割线。价格突破 0.382 的黄金分割线更为轻松，但是 0.618 的黄金分割线阻力很大，并不容易突破。这样，汇价真正有效突破 0.618 的黄金分割线以后，折返遇到的阻力会更强。

第二节 斐波那契延伸线

一、突破之内的调整

从比较大的汇率波动空间来看，汇价可以在重要的价格高位和低点之间运行。如果突破还未出现，那么这种汇价的波动仅限于 0.618、0.5 和 0.382 这三个典型的黄金分割线之间运行。如果汇价已经突破了历史高位或者低点，那么延伸出来的斐波那契延伸线，也将成为判断操作机会的位置。

在非常重要的汇价低点和顶部之间，利用黄金分割线就能够发现操作机会了。不管怎样，重要的黄金分割线对价格的波动总能起到相应的作用。汇价在黄金分割线的高位遇阻后，会出现冲高回落的情况。一旦汇价短线获得黄金分割线的支撑，反弹就会在短时间内形成。因此，操作机会总是频繁出现在不同黄金分割线上。投资者可以根据价格的波动情况，具体判断期间的操作机会。

技术要点：

①不同分割线的价格反应：在黄金分割线中，最重要的是 0.382、0.5 和 0.618。汇价在这三个分割线上遇阻的概率很大。当然，由于阻力大小不同，汇价达到这三个分割线后的表现也有很大差别。0.382 的黄金分割线，是汇价短线调整的位置。0.5 和 0.618 的分割线，经常是重要的阻力位。汇价不会轻易突破 0.5 和 0.618，一旦顺利突破表明趋势将明显得到延续。

②最重要的阻力来源 0.618：0.618 的黄金分割线上，汇价出现多大的回调并不确定。如果 0.618 的黄金分割线上阻力较大，汇价调整的空间可能会很高。如果阻力并不是想象的那么大，那么投资者等待汇价企稳后依然可以顺势操作。

③汇价突破方向：0.618 的黄金分割线并非不可逾越，当汇价突破 0.618 的黄金分割线以后，沿着价格突破的方向，还会继续突破更多的阻力位。这样一来，投资者借此判断操作机会就很容易了。

步骤 1：图 7-8 显示，在英镑/瑞士法郎的 1 小时 K 线图中，汇价明显处于下跌趋势。当汇价大幅度下挫并且出现反弹走势的时候，起始于短线低点的黄金

图7-8 GBP/CHF——不同黄金分割线的阻力

分割线起到了阻碍效果。汇价在拉升至0.382、0.5、0.618的分割线的过程中，的确已经出现了回调的情况。价格在这些位置上高位回落，显示出这些位置上的阻力很大。

步骤2：0.382和0.5的黄金分割线更容易被有效突破，而0.618的黄金分割线阻力很强，汇价在这个位置遇阻回落。从K线形态来看，1根上影线很长的阳线，也构成了重要的阻力信号。

步骤3：在汇价大幅度杀跌以后，在价格反弹过程中，如果并不会突破汇价的高位，那么不同分割线对价格走势的影响，将成为投资者判断操作机会的重要依据。从图7-8中价格突破力度来看，0.382的阻力最小，也最容易被有效突破。接下来的0.5和0.618的黄金分割线的阻力则大一些，成为投资者高位做空的重要位置。

步骤1：图7-9显示，在英镑/瑞士法郎的1小时K线图中，汇价杀跌后反弹至最高0.618附近，显示出价格在突破后的反弹力度还是很强的。从操作时机把握上来看，图中0.382的黄金分割线上阻力不大，价格很容易在这个位置形成突破，接下来的0.618成为重要的看点。汇价达到了图7-9中C所示的位置，也就达到了黄金分割线的0.618了。

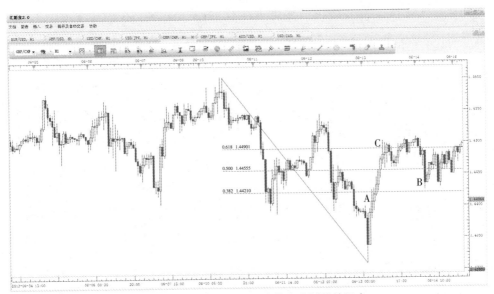

图7-9　GBP/CHF——不同黄金分割线的阻力

步骤2：图7-9中A、B、C三个位置分别为0.382、0.5和0.618的黄金分割线所在价位。价格波动的空间也就限定在这三个分割线附近。

步骤3：英镑/瑞士法郎的汇价变化空间很大，投资者能够发现，虽然汇价达到了0.618以上，并不说明就能够企稳回升了。如果汇价在0.618的黄金分割线

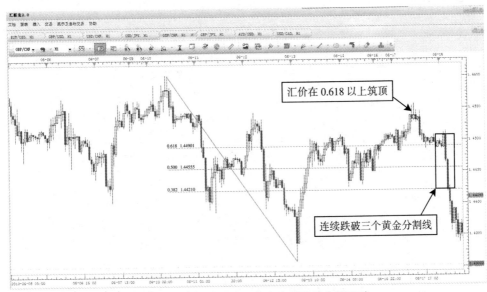

图7-10　GBP/CHF——黄金分割线被有效跌破

上形成顶部形态，那么做多投资者将不得不因此遭受损失。在价格波动中，总是存在着假突破的情况，而 K 线形态上出现的影线，也意味着价格双向波动的范围很广。这样，投资者很容易判断错误的突破，并且在错误的操作中遭受损失。

步骤 1：图 7-10 显示，汇价虽然已经回升至 0.618 的黄金分割线上，但是价格还是完成了顶部形态，并且出现了连续的杀跌走势。这样看来，投资者前期判断价格向上的突破其实是假突破。图 7-10 中矩形区域显示，汇价以连续下跌阴线跌破黄金分割线的时候，黄金分割线上的支撑几乎已经消失了。

步骤 2：黄金分割线对价格走势的影响很大，但需要判断汇价的波动强度。如果汇价的波动强度很大，那么价格分割线的压制效果不一定很好。与英镑有关的英镑/瑞士法郎这个货币对，就是这样的情况。该货币对的汇价波动空间很大，容易形成假突破走势。

图 7-11　GBP/CHF——汇价再次遇阻 0.382 和 0.5

步骤 1：图 7-11 显示，汇价大幅度杀跌以后，价格依然出现了反弹。只是这一次汇价的反弹空间仅仅达到了 0.5 的黄金分割线，就以冲高回落结束了。

步骤 2：在汇价反弹期间，经过试探的黄金分割线的阻力越强，汇价下跌以后继续反弹遇到的阻力越大。图 7-11 中显示，黄金分割线的 0.382 已经不能构成有效压力。汇价分别在 0.382 和 0.5 的黄金分割线上回落，显示这种判断是正确的。

二、突破之外的阻力

当汇价顺利突破了重要的历史高位或者低点后，通过延伸黄金分割线，投资者总能够及时弥补价格内部使用黄金分割线的不足。汇价突破价格高位或者低点以后，相应的操作机会便会出现在突破后的黄金分割线上。通过延伸黄金分割线到更广泛的价格波动空间，相应的操作机会同样能够反映在黄金分割线上。

延伸黄金分割线后，0.382、0.5、0.618 的黄金分割线，可以延伸到 1.382、1.5、1.618 的分割线。汇价波动到这些对应的黄金分割位置，同样会出现折返走势。

汇价波动空间加大后，更广泛的分割线能起到同样的预测效果。价格总是在更小的范围内波动，从小范围延伸到较大的波动空间。这样一来，投资者操作上判断买卖位置，也应该进行相应的调整。如果汇价波动空间超过前期价格波动范围，在更大的价格范围内判断价格调整的位置以及操作机会，就用得上黄金分割的延伸线了。

技术要点：

①首先突破历史高位或者低点：在汇价突破历史高位或者低点以后，相应地延伸黄金分割线，能够得到比较明显的阻力位置。事实上，当汇价突破了重要的高位或者低点以后，价格持续突破的动力才会得到释放。在一个价格低点和高位构成的区间里波动，投资者操作空间不大。一旦汇价顺利突破价格波动范围，投资者操作空间就会增大。

②波动空间加大，机会增多：当汇价顺利突破历史高位或者低点以后，价格波动空间就会很大了。这个时候，投资者如果操作正确，能够获得尽可能多的投资回报。事实上，当汇价完成突破以后，投资者可以将突破后的阻力位调整到 1.618 的位置。这样一来，汇价波动空间就急剧增加，投资者也可以在更大的价格区间获得利润。

③关注折返，降低操作风险：在汇价出现突破以后，价格波动空间虽然在加大，但是折返的概率也会大大增加。虽然汇价能够突破重要的高位或者低点，并不能说这种突破就会得到延续。如果汇价出现了调整的情况，这个时候投资者也需要多多关注价格的变化，以便在适当的时候进行调整。

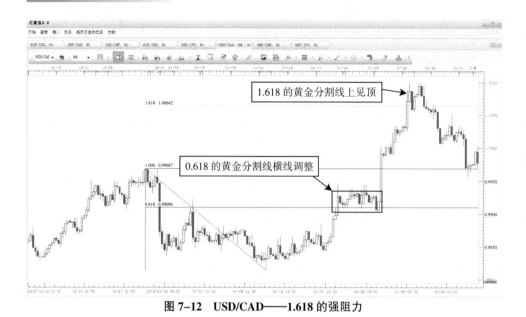

图 7-12　USD/CAD——1.618 的强阻力

步骤 1：图 7-12 显示，美元/加元的 4 小时 K 线图表明，汇价在企稳回升的过程中上升速度很快。图 7-12 中显示，在汇价突破前期高位之前，0.618 的黄金分割线起到了很强的阻碍作用。接下来，调整完成后汇价轻松突破前期高位，并且最终在 1.618 的黄金分割线上受阻回落。

步骤 2：从汇价遇阻位置来看，黄金分割线的 0.618 位置是不可忽视的阻力位。当汇价强势回升的时候，0.618 以及接下来的 1.618 的黄金分割线上，汇价出现了现在的回落走势。做空投资者可以提前做空在重要的黄金分割线位置，以便获得价格回落的做空利润。

步骤 3：汇价达到 0.618 的黄金分割线，表明价格的波动强势很大。即便汇价的波动方向未发生实质改变，价格出现短时间的调整也是必然的。特别是在汇价波动空间较大，并且突破了从高位到低点的价格区间时，汇价调整时出现的操作机会不容忽视。

步骤 1：图 7-13 显示，从美元/加元的汇价走势来看，当汇价顺利突破前期高位以后，价格在短时间内求前期高位的支撑。图中标注的矩形区域，便是汇价寻求支撑的重要看点。价格突破了前期价格高位以后，突破之外的阻力便出现在 1.618 的位置。从图 7-13 中 A 位置开始，汇价出现了快速回落的情况。接下来图 7-3 中 B、C 两个位置上，价格已经连续三次出现了回落，显示出该分割线

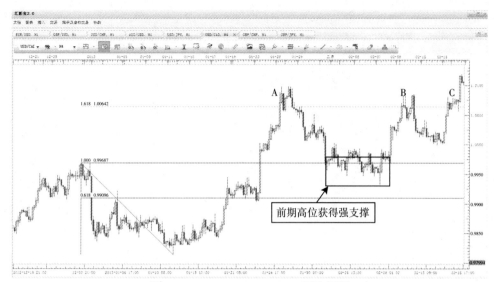

图 7-13　USD/CAD——1.618 屡次见顶

的阻力很大。

　　步骤 2：从实际操作上来看，汇价冲高时遇到的阻力越强，回落下来会寻求更强的支撑。从图 7-13 中美元/加元的汇价走势来看，价格在 1.618 的黄金分割线上遇到强大阻力，价格回落下来寻求前期价格高位的支撑。相对于 1.618 的阻力，前期汇价高位的支撑显然要强一些。这样，价格可以在前期高位和 1.618 的黄金分割线之间往返波动，其中的操作机会自然出现了。

　　步骤 3：从美元/加元的运行趋势来看，汇价的波动方向明显向上。图 7-13 中汇价虽然在 A 位置上明显遇阻回落，但是接下来在图 7-13 中 B、C 位置连续两次突破了 1.618 的黄金分割线。价格强势向上突破，显示挑战阻力位的走势还是在延续着。

　　从投资者操作的角度来看，汇价在不同的黄金分割线之间波动，其中的操作机会是很多的。如果把握其中的一两次买卖机会，获利空间丰厚。汇价在突破高位前和突破后，围绕 0.618 和 1.618 的重要阻力位运行，是投资者判断操作机会的重要参考。

　　步骤 1：图 7-14 显示，澳元/美元的 1 小时 K 线图表明，汇价从高位下跌以来，早已在杀跌过程中跌破了前期价格低点。这表明，价格高位和低点之间的 0.618 的黄金分割线并没有起到理想的支撑效果。汇价跌破前期低点以后，价格在突破后的 1.618 的黄金分割线上触底反弹，显示出较强的阻力。

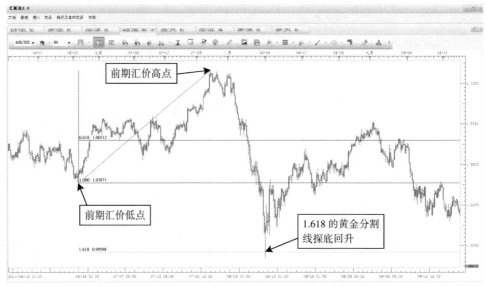

图 7-14　AUD/USD——回落中的 1.618 支撑线

步骤 2：突破价格区间以后，黄金分割线的 1.618 是最为重要的阻力位。既然汇价不能在价格区间内部获得支撑，那么价格突破了区间低点以后，必然会寻求更为重要的支撑位。从图 7-14 中来看，汇价一旦跌至图中的 1.618 的位置，价格明显出现了 V 形反转的走势。

步骤 3：从汇价运行趋势来看，既然澳元能够在回落过程中跌破前期低点，说明价格的回落趋势明确。在单边趋势中，支撑力度较小的黄金分割线，不大可能起到支撑效果。但是，当汇价跌至 1.618 的黄金分割线时，价格跌幅已经高达 61.8%，汇价自然容易获得这个位置的支撑。

步骤 1：图 7-15 显示，在澳元连续跌破价格低点以及 1.618 的黄金分割线的时候，图中汇价反弹至 1.618 的分割线时，显然遇到了非常强的阻力。汇价从 1.618 的分割线回落，短线跌幅还是很大的。在汇价持续回落的单边趋势中，阻力位置的反弹虽然明显，但是跌破阻力位后的反弹经常以失败结束。

步骤 2：围绕黄金分割线的 1.618，澳元在回落过程中出现了明显折返走势。不管是价格触底反弹还是汇价反弹遇阻，都与该分割线有关。值得一提的是，汇价跌破低点以后，反弹至最高点遇阻的位置，是 0.618 的分割线。澳元波动区间显然处于 0.618 和 1.618 的分割线以内。价格在这两条分割线之间频繁波动，操作机会就出现在这期间。

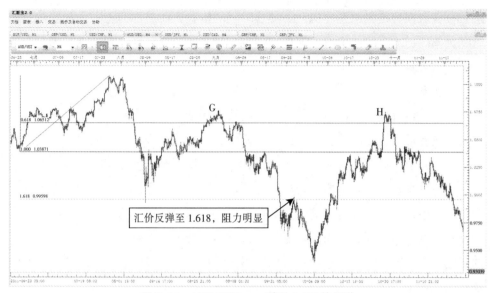

图 7-15　AUD/USD——受阻 1.618 的反弹

步骤 3：在外汇买卖的时候，投资者尽可能关注更大的价格波动空间，容易创造更多的利润。实际上，汇价波动空间可能远超投资者想象。这样，根据涉及价格更大的黄金分割线判断操作机会，其实更容易获得成功。在更大的价格范围内关注投资机会，获得空间加大的同时，投资者止损价位也会更高。

第三节　斐波那契时间周期线

一、斐波那契周期线的起点与终点

以斐波那契数字 1、1、2、3、5、8、13、21、34 等为计算周期，并且运用到实际交易当中时，投资者能够发现计算周期内的价格波动，总是存在一定的规律性。斐波那契周期线对应的价格点，投资者也能够发现类似的情况。

通过设置合理的起始点和终点，投资者能够发现斐波那契周期线上的价格波动规律，以及对应的操作机会。如果起始点和终点设定合理，那么斐波那契周期线对应的时点上的价格反转很容易出现。价格从斐波那契周期线开始大涨或者大跌，投资者很容易判断操作机会。随着时间的推移，斐波那契每一个周期持续的时间会不断扩大，而投资者的操作空间也会加大。这样一来，判断准确的突破方向，意味着获得丰厚收益。

技术要点：

①起点设置在历史高位或低点：斐波那契周期线的起点和终点可以设置在历史高位或者低点，这些位置的价格变化很大，容易成为今后重要的折返位置。事实上，历史上的重要高位和低点开始的斐波那契循环，能够起到很好的预测效果。

②历史高位和低点有它出现的道理：汇价波动的历史高位和低点，是市场证明了的有效反转位置，也是斐波那契首个循环可以参考的起点和终点。既然是市场证明的有效折返点，那么投资者据此来勾画斐波那契循环，自然能够得到不错的预测效果。汇价波动是连续的，而价格涨跌情况又与历史上的价格走势有关。

图7-16 AUD/USD——下跌趋势开始的斐波那契循环

步骤1：图7-16显示，从澳元日K线中汇价历史高位0.9850点开始，澳元出现了杀跌走势。汇价从历史高位下挫至0.6000点，才出现了明显的反弹回升走势。可见，历史高位0.9850点和汇价低点0.6000点，都是非常重要的点位。重要反转点对今后价格运行趋势的影响也会很大。

步骤2：斐波那契周期循环的首个循环非常重要，关系到接下来很多周期中汇价的波动规律。如果将斐波那契首个循环设定在图 7-16 中所示位置，接下来的每个周期中的汇价波动，都是第一个价格周期的延伸。

步骤 3：汇价日 K 线中出现的历史高位和低点，是不可能轻易被操纵的价位。尤其在外汇交易中，资金容量高达上万亿美元，价格高位和低点的出现，是市场运行的结果。当汇价经历了重要的转折走势后，汇价企稳回升的时候，高位和低点的调整总是在周期波动中出现。斐波那契循环的每一个周期中，价格高位和低点都出现在转折点上，而每一个周期中汇价的涨跌变化，对价格走势形成较大影响。

二、重要的变盘点

在斐波那契的循环周期中，投资者选择恰当的起点和终点以后，得到的斐波那契循环周期线，对于投资者判断变盘点十分重要。既然斐波那契周期线的起点和终点选择合理，那么接下来价格调整到对应的周期线上，也就成为接下来汇价波动加速的起点了。实战当中，汇价在不同的斐波那契周期中的累计涨跌方向，预示着接下来的价格周期中汇价波动方向，同时提示投资者相应的开仓方向。

技术要点：

①关注趋势、关注反转是斐波那契循环的重点：斐波那契循环之所以起到预测效果，与该循环提示投资者价格波动方向以及操作机会有很大关系。事实上，斐波那契不同循环之间的运行趋势是连续的，而价格在循环之间转换的过程中，循环的起始点也提示了投资者汇价的折返信号。

②折返位置出现在周期线上：斐波那契的最初一个周期中，价格折返已经出现。既然斐波那契循环能够预测今后汇价的波动方向，那么在斐波那契不同周期的分界线上，价格会出现类似的涨跌变化。如果投资者已经确定汇价的波动方向，在今后斐波那契循环的分界线上出现的操作机会就很容易把握了。

③周期内价格涨跌决定汇价方向：斐波那契每一个循环的汇价波动方向，都决定了今后汇价的运行趋势。如果汇价的波动方向是向下的，那么接下来还未出现的价格趋势很可能也是向下的。提前确认汇价的波动方向，投资者能够准确抓住操作机会，获得投资利润。

步骤 1：图 7-17 显示，澳元从历史低点 0.6000 点开始企稳回升的过程中，经历了斐波那契的多个循环。其中，价格从 A 位置开始走强的过程中，每个循环

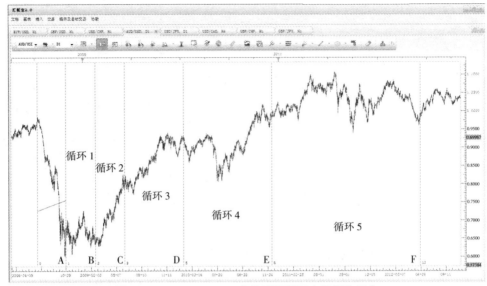

图 7-17　AUD/USD——斐波那契循环中的操作机会

之间的转折点，都提示了投资者操作机会。

　　步骤 2：从 A 位置开始，澳元进入了回升趋势的循环中。其中，A 位置也是澳元开始回升的首个转折点。位置 A 到位置 B 的循环中，澳元出现了明显的止跌情况。整个循环当中，澳元冲高回落，而 B 位置相对 A 位置已经出现了一些涨幅，表明今后澳元将进入多头趋势的循环。

　　澳元进入回升趋势以后，不同斐波那契周期循环中，买点已经出现在图中的 B、C、E、F 位置。可见，利用斐波那契循环判断操作机会，是可以成功的。

　　步骤 3：从斐波那契不同周期之间的影响来看，回升趋势中的循环总能推动后一个回升趋势上行。图 7-17 中显示，汇价在 AB 循环中处于企稳阶段，汇价在之后的走势中延续了回升态势。从 BC、CD、DE、EF 的循环来看，每一个循环中澳元都出现了上涨。后一个循环显然延续了前一个循环价格的回升趋势。判断澳元价格走向的时候，投资者可以据此得出结论。

　　步骤 4：值得一提的是，澳元在斐波那契循环中虽然延续了回升趋势，但是价格最终实现上涨的方式可能有很大差别。图中 BC、CD 的循环基本是持续回升态势。DE 循环中，汇价出现了探底回升的走势。最终，EF 循环中，汇价上涨空间不大，大体上呈现出横向波动态势。

第八章　MACD 指标分析

MACD 指标能够表明短期移动平均线与长期移动平均线的差距。投资者习惯使用的均线的金叉与死叉买卖信号，可以在 MACD 指标中清楚地看到。MACD 指标中出现的底部和顶部的背离走势，就提前预示了价格的变化趋势。MACD 指标作为短期与长期移动平均线之间的差距线，不能够持续扩大后，就表明汇价的潜在反转已经在形成当中了。本章向投资者详细介绍了 MACD 指标发出的买卖时机，投资者看完图文并茂的讲解后，必然会有所启发。

第一节　MACD 交叉形态

一、DIF 金叉突破 DEA 曲线

MACD 指标当中的 DIF 与 DEA 的金叉建仓信号，可以说是投资者买涨的绝佳时机。只要汇价运行趋势比较明确，一旦 DIF 向上穿越了 DEA 线之后，投资者的买入时机就基本上确定了。从 MACD 金叉信号发出的位置来看，投资者若能够在 MACD 企稳于零轴线之上后，买入出现看涨金叉的货币对。零轴线以下的金叉形态，很多时候并不具备看涨的意义。如果投资者想要进行中长期的建仓操作，应该等待 MACD 指标企稳于零轴线后再做打算，这样获利的概率会更大一些。

MACD 的零轴线作为多空双方必争的地方，DIF 指标是不会轻易突破该区域的。一旦汇价的运行趋势出现明确的转变，DIF 顺利突破了零轴线，并且形成了金叉形态，将是投资者的战略性买涨的好机会。MACD 指标在零轴线以下形成的

金叉信号，通常是在方向不明朗的情形下出现的。这个时候，投资者担心股价出现二次探底，可以先动用少量资金试探性买涨。等待方向明朗后，再进行补仓买涨操作，这样依然可以获得不错的利润。

图 8-1　GBP/USD——MACD 零轴以下金叉

步骤 1：图 8-1 显示，在英镑的 4 小时 K 线图中，汇价持续下跌的过程中，MACD 指标明显在零轴线以下形成了看涨的金叉信号。从图中金叉信号开始，汇价将进入回升趋势。考虑到 MACD 金叉出现的位置较高，是非常不错的看涨信号。

步骤 2：在零轴线以下，MACD 指标形成的金叉看涨信号一般具有欺骗性。但是图 8-1 中，金叉信号出现在 MACD 与汇价底背离以后，这种看涨的金叉更为有效。特别是从汇价走势来看，MACD 金叉看涨信号出现以后，4 小时 K 线中出现一根实体很长的阳线，显示出有效的向上突破。

步骤 3：在 MACD 指标处于零轴线以下的阶段，如果看涨的金叉信号并不十分可靠，投资者可以设置好止损买涨。价格一定需要一个向上的有效突破，汇价才能持续上涨。图 8-1 中有效向上的大阳线，就是突破阻力的买涨信号了。大阳线出现以后，汇价短线强势更为明确，投资者买涨已经获得不错回报。

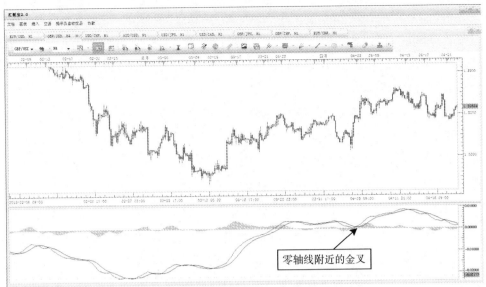

图 8-2　GBP/USD——MACD 零轴以上金叉

步骤 1：图 8-2 显示，英镑短线走强以后，MACD 指标随之回升，图中 DIF 曲线已经处于零轴线以下。当 DIF 曲线在零轴线附近再次向上穿越 DEA 曲线的时候，看涨的信号出现了。从 MACD 指标的走势来看，投资者能够参与的交易机会，就出现在 DIF 二次企稳在零轴线的时候。这个时候，DIF 触底零轴线反弹，并且金叉穿越 DEA 曲线，成为投资者做多的机会。

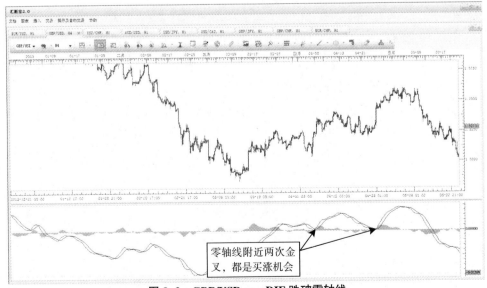

图 8-3　GBP/USD——DIF 跌破零轴线

步骤2：随着英镑持续回升，DIF曲线处于零轴线以上运行，投资者在指标回调后的底部做多，依然能够获得利润。MACD指标的回升与汇价的走强是联动进行的，DIF曲线回调至零轴线的时候，也是投资者买涨的机会。这种做多的机会很多，把握好买点自然能获得不错的利润。

步骤1：图8-3显示，英镑的短线反弹持续了三个阶段，第二个阶段和第三个阶段中，DIF曲线短线回调至零轴线，成为投资者做多的机会。从图8-3中来看，英镑的价格走势虽然一波三折，但价格最终实现了上涨。DIF曲线在零轴线附近提供的两个金叉买涨信号，是非常可靠的做多机会。

步骤2：汇价回升以后，操作机会总是出现在技术指标走强的那一瞬间。前期英镑走势很弱，而汇价短线企稳的过程中，短线回调的时刻便是不错的买点了。判断汇价的真正低点并不容易，而DIF曲线回调至零轴线的时候，就是理想的做多位置了。投资者若能够买涨在DIF金叉穿越DEA曲线的时候，自然能够获得利润。

步骤3：考虑到MACD指标金叉出现之时，汇价已经强势回升了。这个时候投资者做多，很容易买在高位。但是，如果从DIF曲线的位置判断买点，就容易得多了。在DIF曲线回调至零轴线的时候，正是投资者买涨的好时机。在汇价反弹阶段，MACD指标处于零轴线以上。指标回调零轴线，正是买涨机会。

二、DIF死叉突破DEA曲线

DIF与DEA指标在出现死叉见顶信号的时候，都是投资者做空的好时机。如果能够抓住这个时机的话，获得投资收益当然轻而易举了。MACD出现死叉的时候，前期必然会出现持续的上涨。汇价短线超买或者早已经上涨乏力后，会自然回落下来。投资者在MACD指标出现顶部特征，DIF死亡交叉DEA曲线，就是最好的出货时机。

从MACD指标出现死叉的位置来看，一般在远离零轴线的上方出现死叉形态，是比较好的做空信号。指标在零轴线附近的死叉信号，或者说在零轴线之下的死叉信号出现后，可能不是投资者理想的做空价位。当汇价真正的顶部出现的时候，MACD指标会在零轴线持续调整。当调整形态被跌破的时候，可以看作不错的做空时机。

在汇价震荡走低的过程中，MACD指标中的DIF曲线如果成功跌破零轴线，那么做空机会必然非常准确。事实上，DIF 跌破零轴线的那一刻，汇价的跌势就已经得到了确认。投资者可以在死叉信号确认汇价的下跌趋势过程中做空。

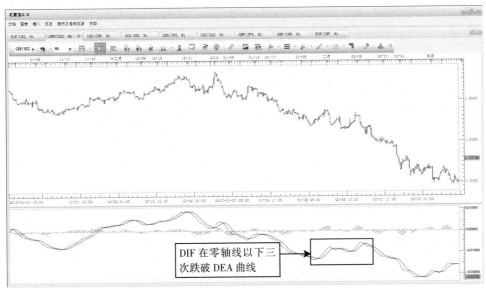

DIF 在零轴线以下三次跌破 DEA 曲线

图 8-4　GBP/USD——DIF 三次跌破 DEA 曲线

步骤 1：图 8-4 显示，在英镑从高位回落的过程中，MACD 指标早已经进入下跌趋势中。图 8-4 中显示，DIF 处于零轴线以下运行，当 DIF 短线跌破 DEA 曲线的时候，做空机会出现。只要 DIF 处于零轴线以下，死叉信号通常都是可靠的做空信号。在下跌趋势中，汇价和技术指标都不可能在一次反弹后出现上涨。DIF 短线反弹至 DEA 曲线以上后，再次跌破 DEA 曲线完成了看跌的死叉信号，是投资者非常重要的做空机会。

步骤 2：在汇价下跌的过程中，MACD 指标总能出现一些看涨的信号。这个时候，短线看涨却不容易改变价格下跌的大趋势。从图 8-4 中来看，汇价反弹幅度虽然较大，并且 DIF 曲线短线也出现了反弹，下跌趋势依然主导了汇价的运行趋势。

步骤 3：MACD 指标与汇价走势的联动很强，指标上反映出来的买卖信号，反映了汇价涨跌走势中的操作机会。如果 DIF 已经处于零轴线以下，那么 DIF 短线反弹不仅不会改变下跌趋势，还会在回落期间提示投资者卖点。图 8-4 中 DIF 曲线连续三次跌破了 DEA 曲线，都是汇价反弹期间的做空信号。虽然汇价跌幅较大，但并不影响投资者做空获利。

图 8-5　GBP/USD——DIF 高位跌破 DEA 曲线

步骤 1：图 8-5 显示，从 MACD 指标来看，DIF 连续三次反弹向上，而技术指标的零轴线成为 DIF 反弹的重要起始点。在英镑反弹期间，DIF 曲线跌破 DEA 曲线的看跌信号，是投资者短线做空的机会。

步骤 2：随着英镑三次反弹走势的完成，DIF 跌破 DEA 曲线以后，最终的做空机会出现了。不同于前期 DIF 两次跌破 DEA 曲线的做空信号，DIF 第三次跌破 DEA 曲线以后，明确的卖点形成了。

步骤 3：投资者可以按照短线操作的方法，在 DIF 跌破 DEA 曲线的时候做空。一旦 DIF 曲线跌至零轴线以下，那么做空获利的空间就很高了。从 DIF 的运行情况来看，该曲线运行在零轴线以上，仅仅是个短线行为。当 DIF 从高位跌破零轴线以后，相应的卖点才会出现。

三、突破 DEA 无效的情况

在汇价处于横盘运行期间，MACD 指标中的 DIF 曲线运行方向也是不确定的。这个时候，DIF 向哪一个方向的突破，都是不容易实现的操作信号。MACD 指标也会出现横向运行的走势，这与汇价的涨跌幅度不高，连续涨跌空间不大有很大关系。

在 MACD 指标横向运行期间，这个时候出现的操作机会是不确定的。汇价真正的突破方向还未出现，并且 MACD 指标的运行趋势不确定，投资者要想获得操作利润，必须在 DIF 有效突破 MACD 调整形态的时候开仓才行。

在汇价调整期间，MACD 指标也很容易形成调整形态。这个时候，价格不可能一次性突破调整形态，买卖机会也不可能在短时间内出现。从操作上来看，根据 DIF 的突破选择买卖时机，还需要 MACD 的突破更加有效才行。

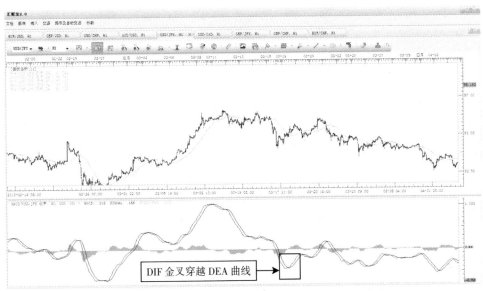

DIF 金叉穿越 DEA 曲线 →

图 8-6　USD/JPY——DIF 在零轴线以下突破 DEA 曲线

步骤 1：图 8-6 显示，当 DIF 曲线从零轴线以下向上穿越 DEA 曲线的时候，很多投资者会考虑买涨，并且能够获得一定的利润。事实上，MACD 指标在零轴线以下形成的看涨金叉形态，并非明智的做多信号。技术指标的反弹，为投资者短线买涨提供了机会，投资者即便买涨获利也应关注其中的风险。

步骤 2：在 DIF 曲线跌破零轴线以后，该曲线反弹向上的过程中，都是投资者考虑在价格反弹高位做空的机会，并非有效的买涨信号。汇价的下跌趋势一旦确认，技术指标的反弹不可能改变汇价的下跌趋势。价格与指标都处于下跌趋势的时候，即便指标短线反弹，投资者也应该谨慎买涨。

步骤 3：技术指标与汇价的走势联动运行，汇价出现任何调整走势，都能在技术指标上反映出来。投资者判断买卖方向，应根据汇价波动的大方向确定操作机会。如果技术指标发出的买卖信号并非有效的操作机会，投资者就要谨慎操作了。

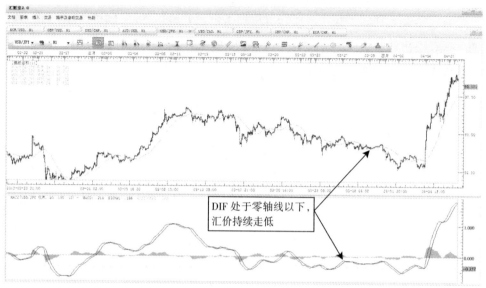

图 8-7   USD/JPY——DIF 处于横盘期间的假突破

步骤 1：图 8-7 显示，DIF 处于零轴线以下的时候，指标很难出现有效突破。从 MACD 所处位置来看，显然是支撑汇价下跌的状态。DIF 曲线横向运行，这期间的卖点很容易获利，买涨却容易亏损。

步骤 2：在 MACD 跌破零轴线以后，DIF 曲线基本处于横向波动状态。这样一来，任何该指标的金叉或者死叉信号，都是很不可靠的。MACD 处于零轴线以下，表明价格的下跌是主要趋势。投资者完全可以根据 K 线形态和价格位置，判断相应的做空时机。

步骤 3：MACD 指标的活跃性，与计算周期有关，当然也与汇价的波动频率有关。MACD 指标的计算周期很长，也不能避免指标双向波动。汇价的涨跌方向是双向的，带动指标也同样会双向波动。技术指标双向运行的时候，投资者应该尽可能选择那些可靠的买卖机会。顺应汇价波动方向的技术指标发出的操作信号是非常可靠的。

第二节　MACD 反转形态

MACD 指标出现反转形态的时候，如果反转形态与汇价配合良好，那么投资者根据指标反转形态判断买卖方向很容易获得成功。

反转形态多种多样，根据反转形态判断买卖方向，是投资者重要的开仓依据。当汇价超涨或者超跌的时候，虽然汇价不会轻易反转，但 MACD 指标总会出现一些背离信号。在 MACD 指标与汇价背离的过程中，反转形态也就逐步形成了。

一、MACD 的高位形态

在汇价高位见顶的过程中，MACD 指标一系列反转信号的出现，是投资者判断操作机会的重要看点。事实上，MACD 指标的高位回落，并非没有根据。如果汇价持续回升的趋势得到延续，那么 MACD 指标即便出现了背离信号，也不可能完成明确的反转形态。

从技术指标与汇价联动的情况来看，MACD 指标的高位反转形态，其实正是汇价高位回落走势出现的时候形成的。MACD 指标可以先于汇价反转回落，特别是在 DIF 曲线跌破零轴线的时候，MACD 指标的回落将不仅是指标本身的回落走势，而且是汇价高位回落的信号。

从操作上来看，MACD 在高位反转形态越显著，并且持续时间越长，成为汇价下跌信号的可能性越大。大规模的复杂 MACD 反转形态，其实是汇价高位下跌的预演。汇价能够在多大程度上跟随 MACD 指标回落，就需要查看汇价今后的走势了。

步骤 1：图 8-8 显示，MACD 指标在零轴线以上冲高回落，并且完成了头肩顶形态，成为投资者做空的重要起始点。从图 8-8 中看出，头肩顶形态完成以后，汇价持续下挫，做空投资者已经能够获得不错回报。

步骤 2：头肩顶是个复杂的顶部形态，投资者据此判断做空时机，可以等到形态基本完成，而指标回抽头肩顶颈线的时候做空。图 8-8 中显示，DIF 虽然已

图 8-8　USD/JPY——MACD 的头肩顶形态

经跌破了零轴线，但还是回抽头肩顶颈线，确认了反转形态。在 DIF 回抽颈线的过程中，卖点出现了。

步骤 3：头肩顶反转形态虽然是个复杂形态，但确认价格趋势却非常准确。反转形态一旦得到确认，投资者据此买卖能够获得不错的效果。头肩顶形态持续

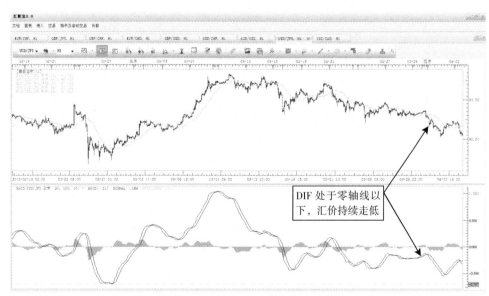

图 8-9　USD/JPY——汇价连续下挫

时间很长，在确认反转走势的过程中，理想的买卖时机可能已经错过。这样，在 DIF 首次跌破 DEA 曲线的时候，即便是短线做空信号，投资者也可以少量资金做空了。等待头肩顶反转形态逐渐得到确认，增加做空资金可获得较高回报。

步骤 1：图 8-9 显示，当 MACD 指标的头肩顶形态完成以后，汇价下跌趋势明显得到延续。图 8-9 中显示，在 DIF 处于零轴线以下运行期间，任何反弹都不可能创造更多盈利空间。从 MACD 指标来看，DIF 长时间处于零轴线以下，为汇价的下跌提供了支撑。

步骤 2：从汇价下跌的角度来看，如果头肩顶出现在 K 线形态上，那么跌破头肩顶形态以后，价格下跌的空间很大，下跌趋势也会持续很长时间。但是，如果汇价的下跌出现在 MACD 指标里，那么随后指标的下跌空间不一定很低，但持续时间却很长。即便如此，也不影响投资者据此判断以后的做空操作。

步骤 3：技术指标在单边运行中，很容易与价格形成背离形态。从背离的角度看，很容易发现技术指标的下跌并不是不受控的，而价格的波动空间却很大。当技术指标（MACD）维持在零轴线以下运行的时候，只要还未向上突破零轴线，价格下跌的趋势就可以延续下去。

二、MACD 的低位形态

在汇价超跌期间，MACD 指标的下跌趋势不可能像汇价那样完美。在汇价持续回落，甚至达到了超卖底部的时候，MACD 指标逐步止跌回升，并且跟随汇价波动完成反转形态。这样一来，投资者会发现，汇价的反弹趋势其实已经在预料当中。如果 MACD 指标的反转形态是确定的，那么汇价不可能无休止地回落下去。判断操作机会的时候，关注 MACD 指标的反转形态，以及反转形态相似突破的信号，是投资者抓住买涨机会的关键。

MACD 指标的触底反弹形态可以先于汇价回升。当然，汇价与 MACD 指标同步回升的时候，才是投资者买涨获利的真正时刻。

MACD 指标的反转形态可以有很多种，判断反转成功的关键，在于汇价与 MACD 指标同步回升的走势必须得到确认。如果这种反转走势没有形成，只是 MACD 指标出现了反转形态，也不是可靠的买涨信号。

步骤 1：图 8-10 显示，美元/日元的汇价下跌过程中出现了反转信号。图 8-10 中 MACD 指标在零轴线以下形成双底看涨形态，虽然 DIF 曲线并未有效向上

图 8-10　USD/JPY——MACD 双底形态

突破，显然已经为投资者买涨提供了机会。

步骤 2：图 8-10 中显示，MACD 指标的双底形态是在汇价跌幅收窄，并且出现了回升迹象的时候形成的。这个时候，DIF 曲线还未回升至零轴线以上，等待汇价向上突破后确认 MACD 指标的双底反转信号。

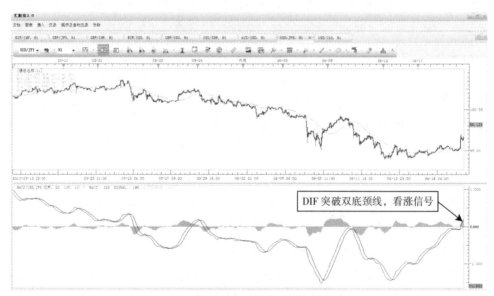

图 8-11　USD/JPY——DIF 突破双底颈线

步骤 3：在 DIF 还未向上突破之前，汇价出现的回升走势，都会促进 MACD 指标双底形态完成。打算买涨的投资者，等待的就是消息面上利好汇价上涨的因素出现。一旦双底形态得到确认，投资者做多将很快获得利润。

步骤 1：图 8-11 显示，汇价的确出现了向上突破，而 DIF 随之突破零轴线，完成了双底反转形态。从图 8-11 中双底形态开始，汇价将持续上扬。这个时候，投资者买涨应该能够获得不错的利润。

步骤 2：在 MACD 指标的双底形态中，DIF 的下跌空间很大，表明汇价短线跌幅很到位。一旦技术指标出现有助价格反转的信号，那么投资者买涨自然是不错的时机。图 8-11 中显示，DIF 最终向上突破，显示出极佳的突破信号。

步骤 3：图 8-11 中显示，MACD 指标的双底形态所在颈线，其实也是该指标的零轴线所处的位置。当 DIF 曲线向上突破零轴线的时候，双底颈线被同时突破。这个时候，投资者买涨自然是不错的机会。双底所处的位置非常重要，而 DIF 能够突破零轴线也非常重要。形态上的看涨如果没有 DIF 曲线突破零轴线支撑，那么很可能是假突破的情况。

图 8-12　USD/JPY——日元大跌

步骤 1：图 8-12 显示，当 MACD 双底形态完成以后，汇价上行趋势也就打开了。图 8-12 中显示，汇价向上反转的过程中，日元出现了快速贬值的情况。

步骤 2：从 MACD 指标双底形态持续时间以及 DIF 下跌的深度分析，该反转形态都是非常有效的做多信号。可靠而明确的反转形态，经常是投资者买涨的机会。谁都能够发现 MACD 的显著反转信号，关键是把握时机做多，才能够获得利润。

步骤 3：MACD 处于回落趋势的时候，DIF 曲线经常会形成一些反转形态，但都是长有效的买涨信号。究其原因，是因为 DIF 曲线跌幅还不够深，调整时间还不够长，而反转形态也没有得到有效的确认。

第三节　MACD 背离形态

一、DIF 与汇价高位背离

当汇价已经出现持续很长时间的回升时，技术指标与汇价的高位背离信号就会出现。从 MACD 指标上来看，DIF 曲线从高位回落下来的时候，便是投资者考虑做空的信号。DIF 曲线可以与汇价出现持续的背离，汇价也可以不断达到新的高位。如果这种背离形态转变为同步下挫的趋势，那么这种跌势中的做空就容易获得利润了。

MACD 指标对汇价滞涨走势的表现非常明显。当汇价出现滞涨情况的时候，投资者会发现，DIF 总是在第一时间出现回落的走势。如果汇价依然在延续上行趋势，但是上涨的阻力增加，汇价一定时间内的涨幅收缩，便是价格反转的信号了。

验证 MACD 指标与汇价背离信号的有效性，唯一的办法是用时间来检验真伪。如果汇价真的已经与 MACD 指标达到了严重的背离程度，那么汇价从高位回落将很快会出现。长时间的背离不可能无休止地延续下去，判断汇价真正回落的位置，根据 MACD 指标的反转形态，以及汇价从高位回落的走势，投资者能够找到正确的答案。

步骤 1：图 8-13 显示，在美元/日元的 K 线图中，随着汇价上升趋势减缓，MACD 指标已经不能再创新高。也就是说，DIF 曲线冲高回落以后，MACD 指标

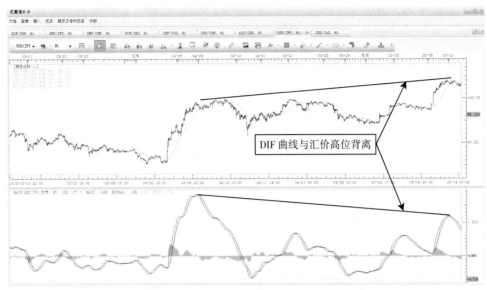

图 8-13　USD/JPY——DIF 与 MACD 高位背离

与汇价的高位背离信号出现了。这个时候，虽然价格在回升，但是背离到一定程度必然出现反转。

步骤 2：图 8-13 显示，汇价经历很长一段时间横盘后，终究出现了向上的突破。但是，MACD 指标中的 DIF 曲线已经不能突破前期高位。汇价短线走强，

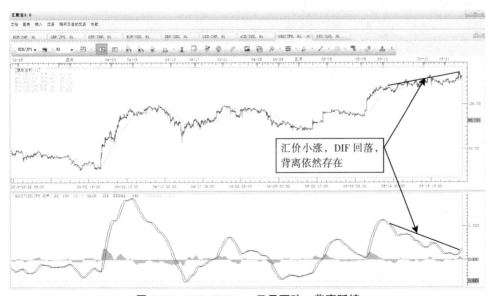

图 8-14　USD/JPY——日元下跌，背离延续

倒不如说是见顶前的做空信号。当 MACD 指标首次与汇价显著背离后，距离真正的做空也就不远了。

步骤 1：图 8-14 显示，汇价虽然延续回升趋势，但是上涨速度已经明显减缓，而 DIF 曲线在这个时候反向回落，直到 DIF 曲线接近了零轴线。

步骤 2：DIF 曲线不仅与汇价运行方向相反，而且接近了零轴线。零轴线是判断 MACD 指标多空的重要位置，同时也预示着汇价波动方向的涨跌。那么图 8-14 中 DIF 曲线跌至零轴线附近后，最可能出现的情况是汇价与 DIF 的背离消失，两者同步下挫。那么投资者应该关注接下来的汇价和 DIF 曲线变化，随之准备做空获得利润。

步骤 3：判断 DIF 与汇价背离结束的信号，是看技术指标是否跌破支撑。换句话说，如果汇价与技术指标同步看跌，那么背离消失，投资者做空将获得不菲的利润。

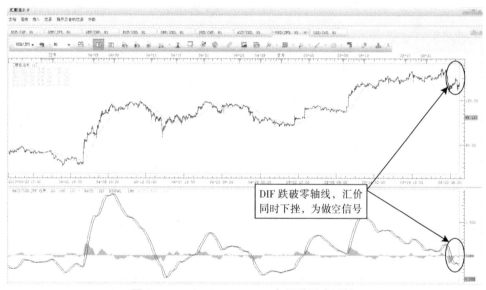

DIF 跌破零轴线，汇价同时下挫，为做空信号

图 8-15　USD/JPY——DIF 与汇价同步下挫

步骤 1：图 8-15 显示，随着汇价走低，MACD 指标中的 DIF 也跌至零轴线以下，现在两者同步下跌趋势首次出现，表明背离信号已经出现消失迹象。前期 DIF 曲线处于零轴线以上，至少在背离阶段并未跌破零轴线。那么，如果这一次 DIF 曲线跌破零轴线的情况可信，判断做空时机显然就在这个时刻。

步骤 2：在汇价与 MACD 指标的背离走势中，卖点的出现很难准确判断。背离形成以后，汇价上升势头逐渐被削弱，价格会在某个位置突然急速回落。当 DIF 曲线已经调整至零轴线附近，而汇价又跟随 DIF 加速回落之时，就是投资者最终的做空机会了。

步骤 3：判断价格回落并且改变背离形态的卖点非常困难，但投资者总能在背离信号延续的时候增加些做空资金。图 8-15 中美元/日元已经出现了走弱的迹象，建立空单并不影响投资者的获利。相反，如果投资者可以逐步增加做空头寸，又能确保最终的空单占用资金量处于合理水平，等待汇价走跌时便可获利。

在汇价与 MACD 指标高位背离的时候，做空的过程中控制风险非常必要。既然背离总会消失，而投资者做空仓位是在背离信号出现以后开始建立的，这样总能在价格回落的那一刻获得利润。

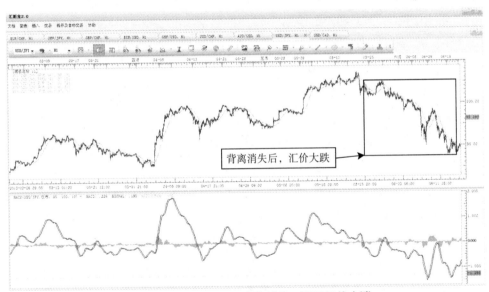

图 8-16　USD/JPY——背离消失，日元短线大涨

步骤 1：图 8-16 显示，汇价与 DIF 曲线背离走势消失后，DIF 曲线跌破零轴线，引导汇价不断杀跌。图中美元/日元从高位 10300 点附近大幅杀跌至 9400 点附近，跌幅高达 900 点以上。

步骤 2：在杠杆较大的外汇交易中，汇价下跌 900 点已经是非常深的跌幅。900 点可以最低相当于 900 美元的利润，也可以在持仓较重的情况下相当于更多回报。相比较美元/日元在背离阶段的涨幅，汇价下跌幅度更大一些。在汇价与

MACD 指标高位背离之时，逆市做空是能够获得做空利润的。特别是在价格明显滞涨，背离形态缓慢延续的时候，打破背离必然需要汇价最终高位回落。

步骤 3：汇价回升阶段，背离出现的意义在于，多方买涨情绪回落需要一个时间。当汇价大幅上涨以后，买涨力量虽然减弱，但不会一下子消失。背离出现以后，多空实力在缓慢转换。空方逐步扩大做空资金的同时，多方却因总体实力下降，导致背离终究消失。汇价与技术指标同步下跌的时刻，既是空方发力之时，也是汇价加速回落的起始点。

二、DIF 与汇价低位背离

在汇价持续回落的过程中，MACD 指标的下跌更趋于缓和。也就是说，汇价的跌幅可以无限大，而 MACD 指标却在汇价下跌途中出现了回升迹象。事实上，这种 MACD 指标中的 DIF 曲线率先回升的走势，正是指标与汇价底部背离的信号。

从汇价与 MACD 指标长期运行趋势来看，背离信号也许在很长时间内维持，但汇价并不容易从下跌趋势中反转上涨。MACD 指标在汇价加速回落期间，两者的同向波动更为明确。但是，在汇价下跌趋势减弱的过程中，MACD 指标很容易与汇价形成底部背离。事实上，MACD 指标可能在很大趋势上与汇价背离，却在局部时间里同步下挫。当 MACD 指标与汇价的背离从长时间变为短时间的时候，距离汇价企稳回升也就不远了。

判断操作时机的时候，汇价的企稳回升非常重要。如果 MACD 指标与汇价正处于底背离阶段，那么价格止跌回升的过程中，相应的操作机会就会出现。MACD 指标与下跌的汇价背离，只是从形态上提示了投资者的反转信号。汇价真的触底回升，还需要价格真的脱离下跌趋势才行。

步骤 1：图 8-17 显示，在美元/加元的 1 小时 K 线图中，汇价处于持续回落趋势。图中 DIF 曲线跟随汇价反弹，在图中表现为一个底部形态。汇价的下跌趋势虽然延续，DIF 反弹后却没有跌破最低点，表现为背离形态。

步骤 2：图 8-17 中 DIF 曲线与汇价在低点出现了背离形态，即便 DIF 曲线依然处于回落趋势，背离仍然不会消失。知道 DIF 曲线与汇价同步下跌，并且 DIF 曲线跌破了前期低点，才能结束背离形态。或者说，汇价触底反弹，而 DIF 跟随汇价突破零轴线，这也是结束背离的常见走势。

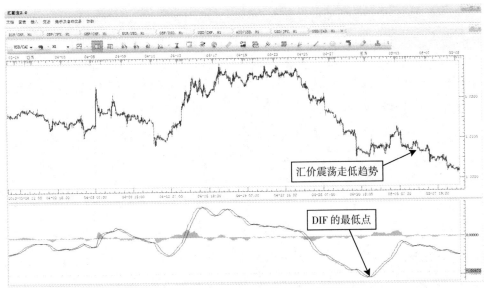

图 8-17　USD/CAD——加元走强，背离延续

步骤 3：在美元/加元的汇价走势中，DIF 曲线与汇价长时间背离，而从短线来看，DIF 与汇价却同处于回落趋势中。对于这种走势，判断买点的关键在于 DIF 何时接近并且向上突破零轴线。一旦 DIF 向上突破零轴线，表明指标已经看涨，那么汇价必然在这个时候反弹向上，正是投资者买涨的机会。

图 8-18　USD/CAD——DIF 反弹，背离很快消失

步骤1：图8-18显示，当DIF曲线从短线回落趋势中反弹向上，并且一次性突破了零轴线。这个时候美元/加元反弹上涨，也表明了看涨的趋势。在DIF曲线与汇价同步反弹之时，看涨趋势再明显不过了。在前期汇价反弹的时候，DIF曲线已经率先回升。当DIF突破零轴线之时，表明汇价下跌趋势已经结束，投资者做多可获得利润。

步骤2：在背离信号消失以后，投资者短线参与的机会增多。汇价向上突破以后，如果价格出现回调走势，投资者可以继续买涨。出现在背离之后的回升趋势，价格获得的支撑更为明显，而上涨趋势也会更好地维持。投资者据此做多可获得利润。

步骤3：行情的转变总是在突然间发生，汇价与DIF曲线的背离还在延续的时候，向上的突破很快展开。DIF向上突破的初期，很多投资者还不会察觉到。一旦DIF曲线持续向上突破零轴线，而汇价也在这个时候不断回升的时候，买涨机会就形成了。

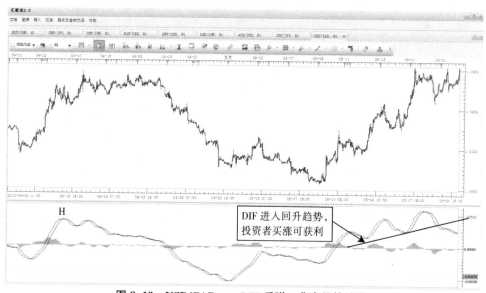

图8-19 USD/CAD——DIF反弹，背离很快消失

步骤1：图8-19显示，随着DIF曲线向上成功突破，上升趋势已经在MACD指标中形成。图8-19中显示，汇价延续了反转向上的走势，而DIF曲线的回升支撑了价格的走强。这个时候，DIF每次向上突破DEA曲线并且完成金叉看涨信号的同时，都将是投资者买涨的机会。

步骤2：从 DIF 曲线的运行规律来看，震荡上行成为 MACD 指标主要趋势。虽然期间 DIF 也出现了回调情况，但最低点仍然落在支撑线上。可见，在 DIF 曲线走强的过程中，汇价短时间难言下跌。这个时候，投资者考虑增加多单数量可获得利润。

步骤3：强势指标总能推动价格强势转变，图 8-19 中 DIF 曲线已经突破前期高位，而汇价也在同时突破了前期高位，实现了较大反弹。通过判断 MACD 指标的运行趋势，投资者可以把握做多机会赢得利润。

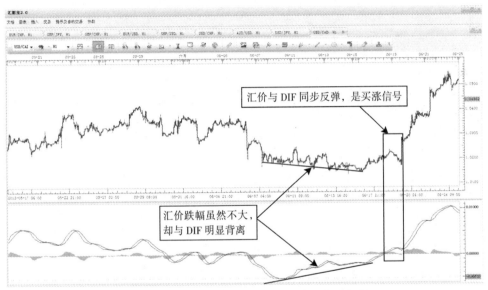

图 8-20 USD/CAD——MACD 反转，汇价飙升

步骤1：图 8-20 显示，同样是美元/加元的 1 小时 K 线图，汇价震荡下跌的过程中，DIF 曲线与汇价的下跌明显背离。汇价虽然延续了回落态势，但是 DIF 曲线却从此震荡企稳。当 DIF 曲线逐渐突破零轴线以后，汇价同步上行表明背离消失，是投资者买涨的机会。

步骤2：美元/加元在下跌探底过程中，下跌速度早已经趋缓。但是，汇价并没有因此出现止跌回升走势，而是在 DIF 曲线与汇价持续背离以后，价格最终实现了向上的突破。在 DIF 与汇价持续背离的时候，投资者可以有很多机会增加多单数量。

第九章 震荡指标 RSI 分析

相对强弱指标 RSI 虽然只是通过上涨天数与下跌天数的变化，来计算指标数值的。但是在实战当中，指标所起的作用，却是很多指标不能比拟的。汇价在持续上涨的天数过多后，出现见顶回落的走势，也是很常见的。连续下跌的天数不断增多后，也同样会出现相应的触底回升的走势。投资者通过判断 RSI 指标的金叉与死叉的买卖点，以及该指标的超买超卖和顶底部背离的信号，当然能够获得比较好的买卖时机了。

第一节 关于超买、超卖

一、强势超买与超卖

外汇价格单边运行的时候，RSI 指标达到了超买或超卖状态，汇价依然不容易出现方向转变。使用 RSI 指标判断价格反转的概率，是比较有效的手段。RSI 指标出现超买或超卖迹象的时候，反转走势并不一定会出现。但是，在强势超买与超卖阶段，汇价单边运行趋势受到严峻挑战，价格反转将一触即发。

RSI 指标的强势超买与超卖信号出现在较长的 K 线时间周期中。比如说日 K 线的周期，就是汇价经常出现 RSI 指标超买或者超卖信号的位置。

在日 K 线中，典型的 14 日 RSI 指标很难达到超买或超卖状态。一旦 RSI 指标在日 K 线中超买或超卖，汇价就将面临回调。从概率的角度看，日 K 线中 RSI 指标的超买、超卖状态，汇价调整的概率几乎是百分之百的。

汇价单边运行时间虽然可以很长时间延续，但其中的双向波动总能出现。特别是 14 日 RSI 指标进入超买或者超卖状态后，表明上涨天数已经过多，多空双方调整持仓结构，必然出现价格大幅度调整。

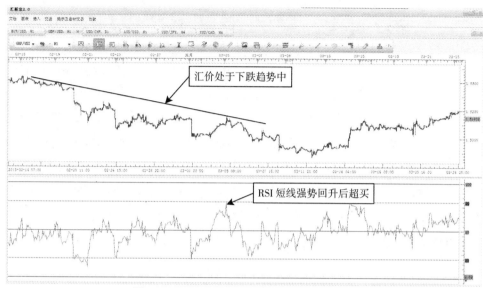

图 9-1　GBP/USD——1 小时 K 线强势超买

步骤 1：图 9-1 显示，英镑的 1 小时 K 线走势图表明，汇价运行在下跌趋势中，价格反弹经常出现，但都没能改变英镑的回落趋势。既然英镑处于下跌趋势，那么投资者基本的操作策略应该是"逢高做空"。

步骤 2：从 14 日 RSI 指标来看，该指标从 20 线附近的超卖区域快速回升，达到了 80 线附近的超买阶段。考虑英镑正处于下跌趋势中，RSI 指标短线走强，实际上为投资者提供了做空机会。更何况，RSI 指标在下跌趋势中达到了 80 线以上的超买区域，更是可靠的做空点。

步骤 3：在汇价处于下跌趋势的时候，RSI 指标从 20 线的超卖区域到 80 线的超买区域，指标波动空间很大，短线调整需求显然很高。这样一来，汇价随着 RSI 指标再次探底就成为现实。在下跌趋势中，RSI 指标的强势超买成为高位做空的重要看点。

步骤 1：图 9-2 显示，美元/JPY 汇价显然处于回升趋势中，价格震荡上行的过程中，RSI 指标却出现了较大的下跌。图中显示，美元短线大跌以后，RSI 指标从 80 线以上的超买区域大幅度回落至 20 线以下的超卖区域。

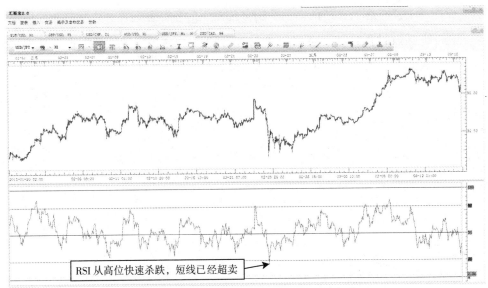

RSI 从高位快速杀跌，短线已经超卖

图 9-2　USD/JPY——1 小时 K 线强势超卖

步骤 2：汇价波动方向向上的大趋势并没有改变，而 RSI 指标从高位大幅度下调以后，技术性反弹的需求很强。这样，基于对 RSI 指标技术性反弹的简单判断，投资者在 RSI 指标超卖后买涨，显然是不错的盈利机会。

步骤 3：在美元持续回落阶段，汇价波动方向处于下跌趋势，这是不容忽视的重要看点。既然美元的运行趋势是确定的，那么 RSI 指标维持强势并不困难。只是图 9-2 中 RSI 指标达到了 80 线以上的超买区域，而指标短线向下调整是对超买的正确反映。当 RSI 指标波动到 20 线附近，达到强势超卖以后，RSI 指标再次反弹回升，成为投资者买涨的机会。

二、弱势超买与超卖

弱势超买，是指 RSI 指标本身已经处于 50 线以上，并且跟随价格的走强持续回升，直到指标达到 80 线以上的超买状态为止。弱势超卖的情况中，RSI 指标早已经处于 50 线以下，并且跟随汇价走低持续回落。当 RSI 达到 20 线以下的时候，弱势超卖就出现了。

弱势超买和弱势超卖的情况下，RSI 指标短时间内波动空间有限。一旦 RSI 达到超买或者超卖状态，指标虽然也面临着反转，但是反转的空间可能较小。

从 RSI 指标的波动空间来看，强势超买或者超卖状态中，RSI 短时间内累计波动空间较大，反转后汇价的操作空间也很高。但是，在弱势超买或者超卖状态下，RSI 指标短时间内波动空间较小，这不利于汇价和指标反转后出现较大波动。在实战当中，参与 RSI 指标弱势超买或者超卖后的操作机会，投资者需要做好止损的准备。价格反转后波动空间如果没能达到预期，尽可能早地止盈是比较好的选择。

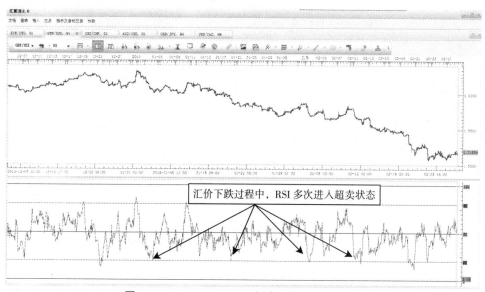

图 9-3　GBP/USD——1 小时 K 线的弱势超卖

步骤 1：图 9-3 显示，英镑/美元汇价明显处于下跌趋势中，而 RSI 指标在这期间不断达到 20 线以下的超卖区域，但都没有提供有效的买涨机会。在汇价处于下跌趋势的时候，RSI 指标走势很弱，即便达到了 20 线以下的超卖区域，汇价反弹空间也是有限的，甚至汇价根本不会出现反弹。

步骤 2：当汇价处于单边下跌趋势的时候，不仅是 RSI 指标，其他技术指标也同样表现出弱势探底的走势。虽然 14 日 RSI 指标屡次探底 20 线以下的超卖区域，但是汇价要想成功摆脱下跌行情，还需要足够的时间才行。当 RSI 指标达到 20 线以下的超卖区域时，只能说汇价的走势更弱，投资者希望在买涨后获得较高回报，并不容易实现。

步骤 3：在汇价单边运行的时候，RSI 指标其实会出现钝化。指标发出相应的买涨信号，投资者买涨却不一定达到很好的效果。在单边下跌趋势中，技术指标的反弹已经不能驱动汇价走强。这样一来，投资者在汇价下跌过程中应该谨慎做多，以免遭受损失。单边下跌的趋势中，RSI 指标频繁进入超卖区域，是弱势超卖的一种表现，也是最不容易获得利润的买涨信号。

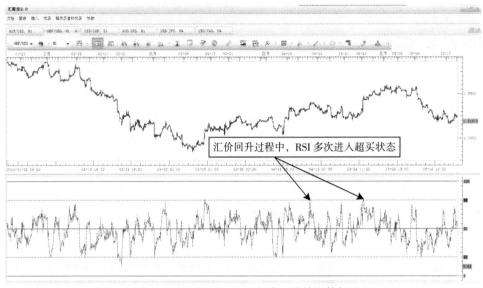

图 9-4　GBP/USD——1 小时 K 线的弱势超买

步骤 1：图 9-4 显示，英镑/美元的汇价短线震荡回升，RSI 指标也跟随价格回升走强。在汇价短线上涨空间过大后，RSI 指标发出了超买信号，其实也是弱者超买的一种情况。在汇价处于单边运行趋势的时候，弱势超买和弱势超卖最容易出现。

步骤 2：在 RSI 弱势超买的情况下，投资者选择短线做空自然有获利空间。但英镑的回升趋势短时间内并没有改变，RSI 首次弱势超买的时候，做空获利空间并不是很大。相反，汇价短线强势调整后再次回升，为做空投资者带来了不少麻烦。

步骤 3：在英镑回升趋势不太稳健的时候，RSI 指标的弱势超买，能够提供一些做空信号。特别是在 RSI 指标第二次超买以后，图 9-4 中显示英镑出现了较大的调整，成为投资者比较重要的盈利点。

在实盘操作中，判断弱势超买能否成为有效的盈利机会，需要根据汇价运行趋势的强弱判断。如果价格运行趋势很强，那么 RSI 即便连续超买，也未必是有效的做空信号。

第二节　关于背离

一、一次简单背离

RSI 指标与汇价出现一次简单背离，并不说明价格会反转运行。事实上，从 1 小时的 K 线周期来看，这种 RSI 指标与汇价的背离经常出现，但价格的运行趋势并不会因此受到影响，投资者反转开仓也不会轻易获得利润。

在 1 小时 K 线图中，RSI 指标与汇价出现一次简单的背离形态，表明汇价短时间有调整的可能。如果汇价波动方向明确，很小的背离并不会引起较大的调整。实际上，操作机会可以出现在汇价和 RSI 指标多次背离以后，却不会在一次背离后出现。更何况，1 小时 K 线持续时间很短，RSI 指标与汇价出现背离形态，短时间内很容易消失。背离一旦消失，汇价沿着前期波动方向运行，投资者短时间内再无反向开仓的机会。

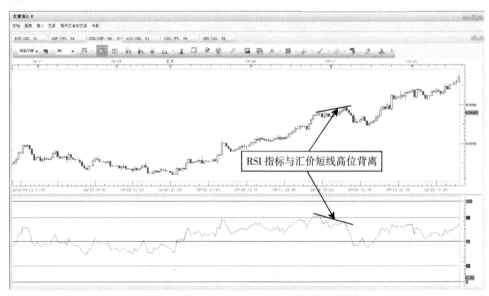

图 9-5　USD/CHF——4 小时 K 线简单顶背离

步骤 1：图 9-5 显示，美元/瑞士法郎的 4 小时 K 线图表明，RSI 指标从超买回落以后，与汇价形成了一次简单的背离形态。虽然背离形态简单，但也是不折不扣的做空信号。短线汇价向下调整，为投资者创造了 100 点的做空利润。

步骤 2：在 4 小时 K 线图中，RSI 指标从超买区域回落下来，并且与汇价构成显著的顶背离形态，是投资者能够把握的做空机会。4 小时 K 线图中一次简单的背离，是比较可靠的做空机会。价格回调空间虽然不大，做空机会难得。特别是在汇价回升阶段，这种短线波动的盈利机会能够为投资者创造足够多的利润。

步骤 3：在 4 小时 K 线图中，RSI 指标与汇价形成简单背离的时候，价格调整的空间很可能一次性完成。因为简单的一次背离形态，并不容易改变价格的长期趋势。特别是在汇价波动方向比较明确的情况下，尤其难以改变这种价格的波形方向。简单的一次背离信号，可以增加投资者短线操作的盈利点。当 RSI 指标调整至 50 线附近，继续买涨成为投资者获得利润的关键。

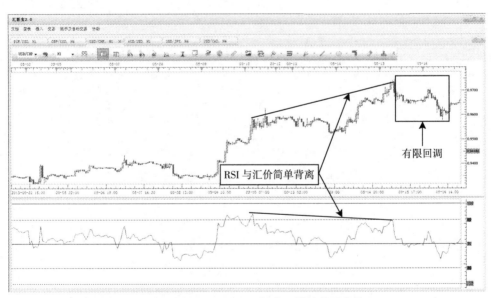

图 9-6　USD/CHF——1 小时 K 线简单顶背离

步骤 1：图 9-6 显示，美元/瑞士法郎的汇价处于回升趋势中，但是 RSI 指标与汇价形成了背离形态。图 9-6 中显示，价格在冲高过程中，RSI 指标短线达到 80 附近就震荡下挫。图 9-6 中汇价调整的走势正是投资者能够把握的做空机会。

步骤 2：在 RSI 与汇价形成背离以后，价格回调空间不大，能够获得的做空利润有限。投资者需要尽快放空，才能在尽可能短的时间里获得利润。将汇价的调整空间放在价格回升大趋势中，调整空间是很小的。简单一次背离为投资者提供了短线机会，而不是背离中出现的持仓时机。

步骤 3：发生在 4 小时 K 线中的简单背离，效果要好于 1 小时 K 线中的背离。价格在 4 小时 K 线中更容易形成有效的操作信号。并且，1 小时 K 线中价格变化频繁，投资者很容易被频繁的价格搞得晕头转向。4 小时 K 线图中的价格走势要稳健得多，买卖信号发出后一目了然，可以作为投资者的操作信号。

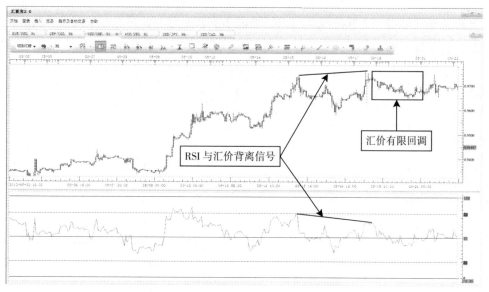

图 9-7　USD/CHF——汇价调整空间有限

步骤 1：图 9-7 显示，同样是美元/瑞士法郎的 1 小时 K 线图中，RSI 与汇价形成了高位背离形态，显然又是一次不错的做空信号。前期 RSI 指标与汇价的背离杠杆结束，第二次背离以后投资者仍然能够做空获利。

步骤 2：RSI 指标与汇价的第二次简单背离出现以后，价格短线震荡下挫，出现了明显的回调走势。一般来看，第二次背离信号出现后，价格的调整空间会很大。但该股的调整空间却不大，也能让投资者获得一定的做空利润。

步骤 3：在汇价上涨的过程中，RSI 指标经常会出现涨幅过高的情况，这也为价格的回调创造了条件。特别是 RSI 指标达到了 80 线以上的超买区域后，指标高位回落更容易带动汇价调整走势形成。借助汇价与 RSI 指标的短线背离信号，选择 RSI 第二次冲高回落后做空可获利。

二、二次以上复杂背离

　　RSI 指标与汇价出现背离信号，能够成为投资者反向开仓的机会，可以从背离次数来看。背离次数达到两次以上的，可以视为价格调整的信号。投资者在14 日 RSI 与汇价连续两次背离后开仓，自然可以获得不错的回报。

　　在计算周期为 1 小时的 K 线周期中，汇价与 RSI 指标的首次背离，并不是有效的开仓信号。价格波动空间可能不大，RSI 指标就可以与汇价出现背离。比如在汇价持续回落阶段，RSI 指标可能早已经大幅度回落。一旦汇价短线反弹，RSI 指标必然也会出现反弹。这个时候，RSI 指标的底部可能已经高于前期低点，而汇价的底部却再创新低。根据 RSI 指标与汇价的背离判断买涨的信号，必须等待价格第二次与 RSI 指标出现底背离的时候，才能开始反向开仓。

　　如果投资者根据 1 小时以上的 K 线周期判断背离形态，那么两次以上的背离信号，是汇价反转的重要机会。14 日 RSI 指标与汇价首次背离之时，投资者可以继续等待操作机会出现。一旦 RSI 指标与汇价两次背离，反向开仓更容易获得利润。一般来看，1 小时 K 线中 RSI 指标与汇价两次背离，价格反转就基本开始了。在 4 小时甚至更高的计算周期中，RSI 指标与汇价只需一次背离，反转就有

图 9-8　USD/CHF——1 小时 K 线三次顶背离

可能出现。投资者根据背离判断潜在获利机会很容易获得成功。

步骤 1：图 9-8 显示，美元/瑞士法郎的日 K 线图表明，汇价震荡回升的过程中，已经与 RSI 指标连续三次背离。图中显示的汇价高位 A1、B1、C1 三个位置，对应的 RSI 指标的 A、B、C 三个点都出现了回落。并且，汇价在 D1 位置达到顶部后，D 位置的 RSI 并没有超过前期 A 点，显示出背离三次后的做空信号非常强烈。

步骤 2：当 RSI 指标与汇价出现一次背离信号的时候，也是投资者做空的信号。图中 RSI 指标连续三次与汇价出现高位背离，表明价格下跌的概率已经很高。在汇价连续弱势回升的过程中，价格上涨空间已经很大。汇价在这个阶段受到的阻力要远远强于下方的支撑，因此投资者做空能够很容易获利。

步骤 3：从汇价与 RSI 的联动性来看，价格的确在震荡过程中走高了。汇价与 RSI 出现一次背离信号，那么价格就相应地回落一次。在第三次背离信号出现以后，投资者顺势做空将不会有任何风险。

图 9-9 USD/CHF——汇价重挫 500 点

步骤 1：图 9-9 显示，当 RSI 与汇价完成三次背离走势以后，美元/瑞士法郎的下跌开始了。图中显示，汇价宽幅波动，最终下跌幅度高达 500 点。对于外汇保证金交易来讲，500 点的利润已经是非常难得的了。平日里汇价波动空间达到

500 点的波动强度，会需要 4~5 个交易日，美元/瑞士法郎的下跌走势，也经历了 11 个交易日以上。

步骤 2：RSI 指标虽然已经与汇价出现了连续三次的背离走势，但最终的卖点并不是简单的价格高位。汇价波动强度很大，在价格脱离顶部区域之前，汇价双向波动的情况非常明显。因此，即便投资者最终要做空，也要等待趋势明朗的时候再增加足够的仓位。比较轻的仓位做空，为短线补仓提供支持。

步骤 3：RSI 指标与汇价背离以后，如果背离消失，汇价的下跌空间应该至少达到首次背离的汇价高位。图 9-8 对应的汇价的高位 A 点，就是价格应该突破的位置。当汇价最终跌破了 A 点对应的价位后，那么背离也就真正结束了。投资者做空资金可以在这个时候开始加速获得利润。

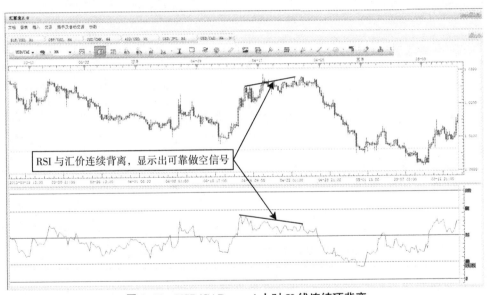

图 9-10　USD/CAD——4 小时 K 线连续顶背离

步骤 1：图 9-10 显示，美元/加元的 4 小时 K 线图表明，背离出现在价格小幅度回升的过程中。图 9-10 中显示，虽然汇价短线上升空间不大，但是价格的回升显然与 14 日 RSI 指标的回落形成了明显背离。4 小时的 K 线图中，这种短线背离更容易转变价格回升趋势。

步骤 2：相比较美元/瑞士法郎的背离情况，美元/加元的背离是在价格微小波动中形成的。汇价上升空间不高，而 RSI 指标的下跌又非常明显。汇价受到的支撑和 RSI 指标受到的压力明显对应着，表明这期间的背离显然有转变为汇价下跌的条件。

步骤 3：4 小时 K 线图中，RSI 指标与汇价出现连续背离的情况，是值得投资者关注的操作机会。从美元/加元的价格走势图来看，汇价向上运行趋势非常稳健。RSI 指标从高位回落下来以后，沿着曲线不断调整至接近 50 线的位置，也是背离以后稳步下跌的情况。RSI 指标稳步回调以后，汇价下跌的阻力逐步减小。当调整至 50 线附近的 RSI 指标最终跌破 50 线的时候，相应的卖点机会就随之出现了。

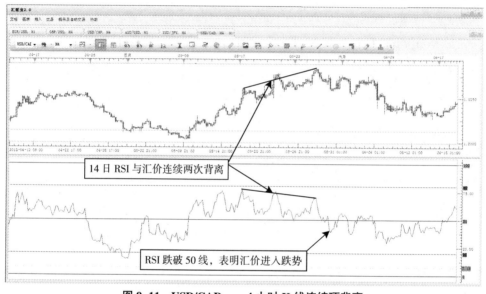

图 9-11　USD/CAD——4 小时 K 线连续顶背离

步骤 1：图 9-11 显示，美元/加元的汇价连续三次向上突破，并且均达到了新高。同一时期，14 日 RSI 指标却在此时逐步回落，并且调整到了零轴线附近的区域。可见，RSI 指标与汇价连续两次背离已经非常清晰。虽然汇价依然延续了回升态势，但背离之后投资者不得不考虑做空获利。

步骤 2：在 RSI 指标与汇价连续三次背离后，指标随之跌破了 50 线，表明下跌趋势已经在这个时候形成。在 RSI 跌破 50 线以后，做空时机已经成熟。选择汇价波动的短线高位做空，即便后市汇价出现反弹，也不可能再次背离。投资者选择高位做空，如果没有把握抓住最高点，将预期投入的资金分成三等分选择卖点，更容易控制开仓价位，减小因为价格波动造成的风险。

步骤 3：在背离走势中，价格的冲高回落需要一个过程，而背离就是汇价下跌前的预演。只不过这次预演是在 RSI 指标上展开的，汇价短时间内并未跌破上升趋势线。RSI 指标在 50 线以上高位回落的过程中，依然能够支撑价格创出新高。一旦 RSI 指标跌破了零轴线，即便汇价再次强势反弹，那也将是最终的卖点。

第三节　关于反转

一、4 小时 K 线的反转形态

在 4 小时 K 线图中，RSI 指标如果完成了反转形态，并且已经确认反转的存在，投资者可以在反转形态完成以后开仓。在 4 小时 K 线图中，RSI 指标的有效反转形态，意味着汇价由此展开了反转行情。RSI 指标不一定反转到 50 线的另一侧，汇价就可以出现调整走势。

如果汇价处于回升趋势，而 14 日 RSI 指标已经完成了双顶反转形态。那么 RSI 指标跌破双顶颈线的过程中，投资者可以顺势做空获得利润。如果 RSI 指标的双顶反转形态非常明显，那么在指标还没有跌破 50 线的情况下，投资者依然可以做空获利。

在汇价处于回升趋势的时候，对于 RSI 指标的反转形态，可以有两种解释。一种是，RSI 指标出于调整的原因，出现了反转形态。当 RSI 回调至 50 线附近的时候，汇价的调整就会结束，投资者考虑操作结束获利就可以了。另一种是，如果 RSI 指标的反转形态持续时间很长，并且 RSI 指标不仅跌破了 50 线，还在接下来的交易中延续了这种回落态势，那么投资者持有空单能够继续获得利润。

步骤 1：图 9-12 显示，美元/日元的 4 小时 K 线图表明，RSI 指标大幅度冲高至 80 线以上后，显然已经达到了超买状态。随着 RSI 指标从超买位置回调，汇价继续上涨遇到了明显阻力。

步骤 2：RSI 冲高回落的过程很简单，就是在超买以及多次背离后反转回落的。可以说 RSI 指标从超买状态高位回落，成为价格持续下跌的重要起始点。从

图 9-12　USD/JPY——14 日 RSI 的超买回落

福州的汇价与 RSI 指标的走势关系来看，指标和汇价一般会经历"RSI 与汇价同步上行—RSI 超买—RSI 与汇价背离—同步下行"四个阶段。那么图 9-12 中 RSI 从超买位置回落以后，接下来的汇价上行趋势不容乐观。

　　步骤 3：在 RSI 指标首次超买回落后，投资者可以不急于做空。因为这个时

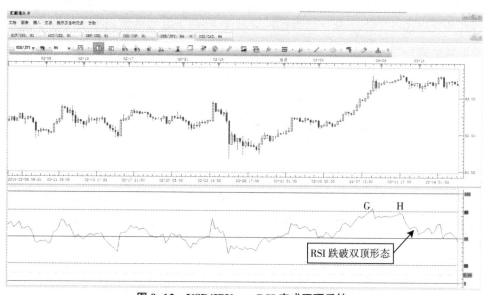

图 9-13　USD/JPY——RSI 完成双顶反转

候汇价的上行趋势并没有发生根本转变，只是 RSI 指标有调整的需要。这样的话，汇价很可能会在 RSI 指标调整的过程中强势回升，为投资者做空操作带来很大的麻烦。

步骤1：图 9-13 显示，随着 RSI 指标完成了 G、H 两个双顶形态，卖点在这个时候更加确定了。在 4 小时 K 线图中，RSI 指标的反转形态非常重要。图中 H 位置明显要低于 G 位置，而汇价却在 RSI 达到 H 位置的时候继续创新高。可以说，G、H 两个指标高位是在背离的情况下出现的，更是可靠的做空信号。

步骤2：从 G、H 两个位置的状态来看，明显与汇价出现了背离形态。从反转形态来看，RSI 指标的 G、H 两个双顶形态被成功跌破，成为投资者今后做空的重要看点。如果说背离还不足以做空，那么 RSI 跌破双顶形态并且逐步靠近了 50 线的过程中，做空信号得到了确认。

步骤3：从 RSI 指标的双顶反转速度来看，指标形成 G、H 两个短线顶部后，几乎是瞬间跌破了双顶形态。这表明，指标从超买见顶到回落的转变速度很快，表明汇价调整的空间会很大。

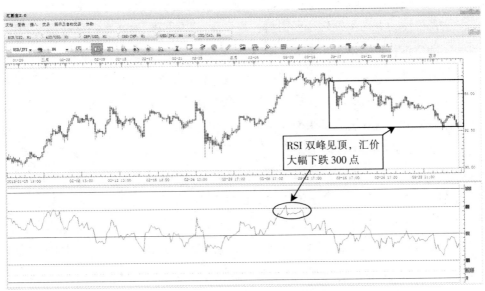

图 9-14　USD/JPY——汇价大幅下挫

步骤1：图 9-14 显示，随着 RSI 双顶形态的完成，美元/日元出现了较大跌幅。在 4 小时 K 线图中，汇价从 9600 点大幅度杀跌至 9300 点附近，跌幅已经达到 300 点以上。300 点对投资者来讲是个不小的跌幅。

步骤 2：RSI 指标的双顶形态之所以成为较强的做空信号，是因为该指标运行趋势平稳。在 RSI 指标冲高的过程中，相应的调整空间并不大。不过随着 RSI 指标持续攀升至 80 线以上的超买区域，指标高位遇阻后的反转形态成为重要的看点。指标回升趋势明显，反转信号同样比较明确。汇价的波动方向伴随着 RSI 指标的反转出现了杀跌。

步骤 3：最有效的操作机会出现在最有效的反转走势中，RSI 指标的双顶反转形态非常简单，反转速度又很快，理应成为投资者做空的信号。从 RSI 指标波动方向来看，指标上出现的双顶反转形态清晰可见，价格回调走势自然没有多大阻力。

二、突破后的单边趋势

RSI 指标的反转形态已经确认，随后的汇价波动方向就会出现逆转。可靠的 14 日 RSI 指标的反转形态，经常是投资者采取行动的开始。RSI 指标的反转走势，不仅是指标的反转运行，而且是基于技术指标反转的汇价反转走势的开始。

当汇价波动方向出现转变的时候，投资者可以看出，RSI 指标反转形态规模越大，随后汇价反向波动空间也会越大。投资者据此判断反向操作的获利空间，就很容易获得成功了。持续时间较长，并且在 RSI 指标已经超买以后出现的反转形态，是非常可靠的反向开仓信号。如果 RSI 指标的反转运行成为可能，投资者在反转形态出现以后做空可获得丰厚利润。

有效的 RSI 指标的反转形态，是结束汇价前期波动方向的重要信号。如果汇价处于回升趋势中，那么高位回落的 RSI 指标反转形态出现以后，意味着汇价将因此持续下挫。投资者从这个位置做空必然获得丰厚的利润。

步骤 1：图 9-15 显示，美元/日元的汇价下跌趋势非常明显，压力线始终阻碍着汇价的反弹进行。图 9-15 中显示，汇价开始下跌的起始点，正是图中 RSI 指标双顶形态完成以后。从双顶反转形态判断汇价反转起始点，显然比较有效。

步骤 2：当 RSI 指标完成双顶形态并且进入下跌趋势的时候，投资者可以在双顶完成后确认汇价的下跌趋势线。毕竟，RSI 指标的双顶形态也是需要确认的。当 RSI 指标从 50 线以下短线反弹，并且带动汇价同步反弹的时候，汇价的下跌趋势线就被确认了。

图 9-15　USD/JPY——RSI 双顶成为反转起点

步骤 3：从 RSI 指标来发现汇价走弱信号并不困难，关键是投资者能够发现价格下跌前的理想做空点。事实上，汇价下跌之前，调整是在所难免的。如果汇价真的已经形成了下跌趋势，首先确认下跌趋势线，以便在汇价反弹至趋势线的时候做空获利，才是投资者盈利的关键。

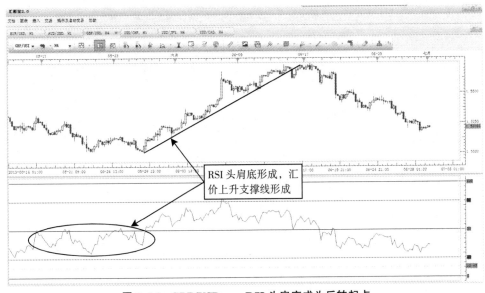

图 9-16　GBP/USD——RSI 头肩底成为反转起点

步骤1：图9-16显示，英镑的4小时K线图表明，RSI指标触底回升的速度很快。图中50线以下的头肩底形态，成为RSI指标回升的重要起始信号。从头肩底形态开始，汇价上行趋势线就已经形成。在实盘操作中，投资者可以据此判断最终买涨的位置。

步骤2：在RSI指标的头肩底形态中，右肩形成以后，价格的上行趋势就比较明确了。头肩底反转形态持续时间本身就很长，期间RSI指标的调整已经足够充分。在RSI突破头肩底颈线的时候，指标也已经回升至50线以上。从后市来看，RSI维持在50线以上，汇价自然不会滞涨的。

步骤3：RSI指标的头肩底形态完成以后，汇价才真正开始回升趋势。从图9-16中来看，头肩底形态完成以后，汇价经历了一段冲高回落走势，才确认了上升趋势线。可见，技术指标RSI的反转形态虽然能支撑汇价走强，但价格上涨需要时间来验证。

图9-17 USD/CHF——RSI的V形底成为反转起点

步骤1：图9-17显示，在美元/瑞士法郎的4小时K线图中，RSI指标在回落调整后很快从20线附近反弹。从形态上来看，RSI指标已经完成了V形反转走势，成为汇价强势上涨的重要支撑形态。

步骤2：从RSI的V形反转走势来看，指标的底部对应的汇价也出现了底部。当 RSI 指标回升到 50 线以上后，反转形态宣告完成。之后汇价冲高回落，确认了价格短线回升的上升趋势线。

步骤 3：从 RSI 指标所处位置来看，只要指标成功反转并且不会跌破 50 线，价格上行趋势就不会改变。在美元/瑞士法郎的上涨过程中，RSI 指标显然没有跌破 50 线。成为投资者非常重要的看点。

RSI 指标的波动空间限于 0~100 线，而该指标又很少会达到 20 线以下和 80 线以上。一旦指标向下调整空间较大，并且紧跟着完成了反转形态，那么这样的反转形态就是很可靠的买点。

第十章 K线分析

K线图作为技术分析的基础，运用效果不亚于任何的技术指标。K线图发出的买卖时机，以及该图中反映的汇价运行趋势，是许多技术指标不能够比拟的。可以说K线图是技术分析的基础。各个指标的描述，都是需要K线图来提供基础信号的。既然K线图对投资者买卖外汇如此的重要，本章就重点介绍大阳线、大阴线的突破、阳线支撑和阴线压力、形态的复杂性等问题。

第一节 单根K线的有效突破

一、大阳线的突破

从实战来看，汇价波动空间虽然较大，但是价格波动空间会有个限度。一般情况下，价格波动强度超过了常态下的波动强度很大，就是大阳线或者大阴线出现的时刻了。

大阳线出现的时候，阳线的收盘价格距离开盘价格很远，阳线实体很长，价格短时间内上行空间很大。若没有影响价格波动的实质性消息出现，这种汇价大幅上行的举动是值得关注的。

大阳线突破的力度越大，价格上行的趋势越明确。当大阳线出现以后，即便汇价短时间内调整，并不会改变价格上行的趋势。从大阳线突破的力度来看，投资者可以发现大阳线出现在关键的阻力位后，接下来做多其实并不困难。

形态特征：

①实体很长：从1小时K线来看，有效的大阳线，实体长度至少在100点涨

幅以上。大阳线可能存在上影线和下影线，但是除了影线以外，价格的涨幅应该在 100 点以上，这才是有效的突破形态。

②有效突破阻力位：判断大阳线实体的有效性，突破阻力位是最起码的。短线高位的阻力很大，而黄金分割线上的阻力也很大。在各种各样的阻力中，大阳线如果能一次性突破最重要的阻力位，那么价格上行空间将被打开。

③短线回调空间很小：在价格超强波动的过程中，投资者能够操作的机会很多。特别是大阳线后价格回调空间有限的情况下，汇价将延续上行趋势。在大阳线的支撑下，汇价能够达到几倍阳线实体的涨幅。

图 10-1 USD/CHF——1 小时 K 线大阳线

步骤 1：图 10-1 显示，在美元/瑞士法郎的 1 小时 K 线图中，突然出现的大阳线实体高达 117 点。价格从 0.9179 回升至 0.9296 的高位，明显形成了有效突破。在前期汇价波动过程中，0.9255 已经成为短线高位。当价格顺利突破 0.9255 后，汇价上涨空间就已经打开了。

步骤 2：大阳线形成以后，汇价虽然短线调整，价格再次获得支撑的位置明显是前期价格高位。这表明，汇价向上突破以后，短线回调显然成功获得支撑。大阳线形成的突破非常有效，随后汇价继续上行的概率很高，投资者恰好能够做多获得利润。

步骤 3：汇价波动空间虽然很大，高达 100 点以上的阳线实体也并不常见。图 10-1 中大阳线实体高达 117 点，明显就是看涨信号。大阳线形成的时间为 1 个小时，多方在这个时候强力买入，促使价格急剧回升。买盘强大，汇价短线调整后将出现不错买点。

图 10-2　USD/CHF——价格调整至 0.5 的黄金分割线

步骤 1：图 10-2 显示，美元/瑞士法郎的 1 小时 K 线图表明，价格已经顺利突破前期高位以后，汇价向下调整至 0.5 的黄金分割线。从回调幅度来看，并不影响大阳线的突破效果。图 10-2 中汇价继续企稳后依然能够上涨。

步骤 2：0.5 的黄金分割线的支撑效果很好，价格在这个位置获得支撑，显示价格波动趋势依然能很好地维持下去。从价格下跌幅度来看，价格回落至 0.5 的黄金分割线后，从阳线的最高价算起，价格向下调整了 50%。50%的调整空间，对应的价位是很多投资者能够把握的心理价位。汇价恰好在 0.5 的分割线上反弹上涨，表明买涨行情还会得到延续。

步骤 3：从汇价向下调整的空间来看，虽然已经达到了黄金分割的 0.5 位置，但如果从大阳线的收盘价格算起，实际的调整空间并非那么高，这也表明大阳线突破是有效果的。

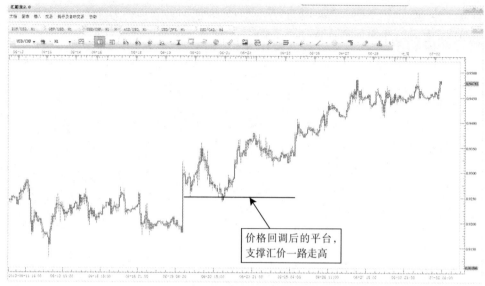

价格回调后的平台，
支撑汇价一路走高

图 10-3 USD/CHF——阳线支撑汇价走高

步骤 1：图 10-3 显示，大阳线突破前期高位以后，汇价连续两次调整后获得了有效支撑。汇价在调整后的支撑线以上一路走高，显示出价格的上行趋势良好。

步骤 2：在改变汇价调整走势的过程中，大阳线发挥着不可替代的作用。图 10-3 中汇价强势突破并且获得稳定支撑后，表明投资者的做多机会已经出现了。价格上行趋势明显，大阳线不仅突破有效，还能有效支撑价格稳步上行。

步骤 3：对于突然出现的大阳线，投资者可以在短时间内追涨获得短线利润。当然，大阳线突破以后，价格回调的机会是更确定的买涨信号。汇价的上行空间很大，大阳线的出现只是一个突破口。当汇价震荡走强的时候，投资者逐步建立多单自然能够获得不错的回报。

二、大阴线的突破

大阴线是与大阳线对应的 K 线形态，是价格高位回落的重要起始信号。当大阴线出现以后，汇价将沿着下跌趋势运行下去。重要的短线支撑位，总能被大阴线一次性跌破。

大阴线的实体很长，价格回落空间较大，今后汇价的波动趋势将延续回落态势。事实上，大阴线不仅是突破信号，也是趋势得到延续的证明。投资者可以在大阴线形成以后做空，即便短线出现损失，也会在中长期获得做空利润。

形态特征：

①实体很长：大阴线如果突破非常有效，实体长度也应该在 100 点以上。实战当中，超过 100 点的大阴线出现以后，能够顺利突破支撑位置。并且，大阴线造成的汇价加速下跌，还会在一段时间里得到延续。

②有效突破阻力位：在大阴线下跌以后，汇价跌幅会非常深，这个时候正是突破的有效时机。如果汇价短时间内跌破了支撑位，接下来的价格走势将一目了然。汇价跌破支撑线以后，价格惯性下跌的趋势将会得到延续。从操作上来看，投资者可以把握交易机会，及时在短线高位做空便能够获利。

③短线回调空间很小：汇价单边下跌的过程中，如果趋势已经得到确认，大阴线下跌以后汇价不可能大幅度反弹。即便从技术性反弹的角度分析，价格上行空间也不会很高。大阴线实体成功突破支撑位，价格的下跌趋势将很快得到延续。从操作上来看，投资者把握住做空机会，持空便可获得利润。

阴线实体重挫 108 点

图 10-4　AUD/USD——加速回落阴线

步骤 1：图 10-4 显示，澳元的下跌趋势明显，在图 10-4 所示价格加速回落的过程中，有根高达 108 点的大阴线形成了。仅仅从阴线实体的长度来看，价格向下的突破是非常有效果的。汇价的下跌趋势中出现百点下跌阴线，表明这种跌势有进一步加剧之势。

步骤2：从汇价波动趋势来看，前期价格已经处于震荡走低的趋势中。大阴线出现的位置，恰好在汇价短线反弹遇阻后。图10-4中反弹阳线形成以后汇价加速下挫，大阴线实体很长，正是对汇价下跌趋势的正常反应。

步骤3：在汇价下跌的过程中，跌幅过大的时候会出现反弹，而澳元的走势却一反常态。澳元短线冲高回落后加速下挫，大阴线出现以后，价格小幅调整便进入弱势下跌趋势。可见投资者做空显然是能够获利的。

图10-5　AUD/USD——跌破平台后看空

步骤1：图10-5中显示，距离大阴线下跌很远的价格低点，是重要的支撑平台。加速回落的大阴线恰好就跌破了这一平台，显示出价格波动方向已经明确。汇价的下跌趋势显然不可阻挡，投资者做空操作恰到好处。

步骤2：汇价突破重要的支撑位后，价格下跌趋势将加速进行。特别是高达108点的大阴线出现以后，投资者显然应该考虑做空操作了。重要的支撑位在大阴线出现的时候，根本起不到支撑作用。大阴线出现以后价格反弹无力，就很能说明问题。

步骤3：价格总是向阻力更小的方向运行，K线形态上的大阴线向下突破的走势，明显就是有效突破信号。这个时候，投资者可以考虑做空是完全能够回落的。大阴线出现时间虽然只有短短 1 个小时，但价格随之出现的下跌却能延续下去。

图 10-6　AUD/USD——大阴线成为汇价顶部

步骤 1：图 10-6 显示，澳元向下成功突破以后，价格的跌势长时间得到延续。图 10-6 中显示，汇价的下跌行情从未出现停滞。虽然汇价也曾出现过反弹，但价格反弹空间远没有达到大阴线突破的位置。

步骤 2：出现在有效突破位置的大阴线，就是有推动价格回落的功能。从历史上的支撑位置被突破，到汇价长时间延续下跌趋势，投资者可以发现其中的做空操作能够在长时间发挥盈利作用。

步骤 3：判断大阴线的突破效果，从阴线实体长度、是否突破阻力位置、阴线回调力度三个方面，就能够发现价格下跌中的卖点。实体长度是判断下跌有效性的一个方面。澳元下跌过程中，实体长达 108 点，而价格不仅有效突破支撑位，汇价反弹空间也很小，这样就在多方面验证了突破的有效性。投资者跟随下跌大阴线做空没有任何问题。

第二节 单根 K 线的压力和支撑

一、有效突破的阳线支撑

大阳线形成以后，汇价强势回升便会加速进行。在大阳线以后，汇价短线调整的形态众多，非常重要的调整形态，有 V 形、圆弧底和矩形调整形态。在这些调整形态以后，价格的回升趋势还将延续。在大阳线出现以后，调整形态更多的是以一种小幅回落的走势出现的。调整形态规模很小，并且汇价短线下跌空间有限。这也为汇价进一步回落创造了条件。

大阳线后，K 线调整形态及回调深度：

①常见汇价回调形态：

V 形：在大阳线出现以后，价格虽然短线回调，却也很容易获得支撑后反弹。在汇价下跌的过程中，价格回落空间有限，V 形反弹就很能说明问题。既然汇价反转效率很高，价格短线回升以后必然为投资者创造买涨机会。出现在价格高位的 V 形反转形态，正是投资者盈利的好机会。

圆弧形：圆弧形的反转形态中，价格短线回落后缓慢回升，呈现出持续时间短的圆弧底形态。在大阳线出现以后，圆弧底形态表明下方支撑力度很大，适合汇价大幅度上扬。从操作上来看，投资者适当增加做多资金，便能在价格上涨期间获得利润。

矩形：矩形形态中，汇价下跌空间有限，强势横盘调整的走势持续时间很短。准确地说，大阳线出现以后的矩形调整形态，并非有效的矩形形态。价格横向运行时间不长，汇价还是会继续回升。矩形调整形态可以出现在回调下跌之后，当然也可以在高位出现矩形横盘的走势。

步骤 1：图 10-7 显示，美元/瑞士法郎的汇价走势明显出现了 V 形反转的情况。大阳线向上的突破非常有效，而价格调整后的反弹也非常及时，表明汇价向上突破后的回升趋势显著。

步骤 2：V 形反转走势并不经常出现，但大阳线形成以后的 V 形反转走势，

图 10-7　USD/CHF——V 形反转形态

是非常可靠的买涨信号。V 形反转走势表明价格企稳非常及时，大阳线的突破是有效果的，投资者据此来买涨很容易就获得利润了。

步骤 3：常见的价格回调形态很多，V 形反弹是比较有效的一种。V 形反转形态中，价格低点持续时间很短，更多的时间里价格处于高位。这不仅让人想到，多方买涨实力强大，还让人想到大阳线形态的突破非常有效果。

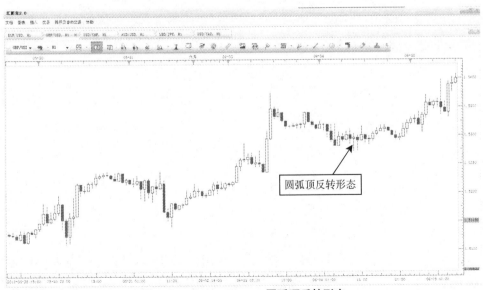

图 10-8　GBP/USD——圆弧顶反转形态

步骤 1：图 10-8 显示，汇价在两根阳线形成向上的突破后，汇价短线调整，并且成功完成了圆弧底的反转形态。英镑的突破力度很大，是在高位形成了两根阳线，而圆弧底的回升形态是非常有效的回升形态。

步骤 2：圆弧底形态的反转走势，一般出现在价格的底部，是有效的回升形态。但是在价格向上突破的过程中，英镑的 1 小时 K 线图依然出现了圆弧底反转形态，这可以视为价格有效看涨的信号。汇价缓慢企稳表明，多空双方不需要明显的争夺，价格就能够沿着回升趋势上行，这显然也验证了阳线向上突破的有效。

步骤 3：仔细分析圆弧底的回调位置，价格其实跌破了第二根阳线，却在第一根阳线收盘价上获得支撑。可以将前期突破的第一根阳线看作有效突破，而汇价出现第二根阳线是价格惯性回升时形成的。那么英镑短线回调的位置，自然在第一根阳线的收盘价格上。

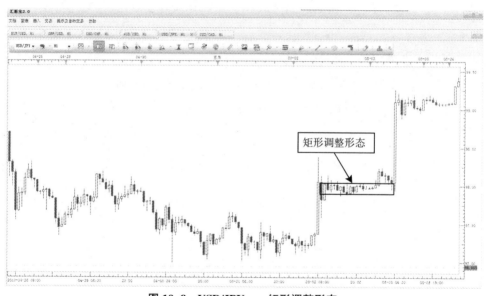

图 10-9　USD/JPY——矩形调整形态

步骤 1：图 10-9 显示，美元/日元的 1 小时 K 线图表明，价格已经明显处于突破状态。图中大阳线实体很长，价格有效回升至短线高位。突破之后横盘中出现的矩形调整形态，成为非常可靠的买涨机会。

步骤 2：汇价调整形态多种多样，矩形调整形态中，价格波动空间很小，表明阳线的支撑效果理想。矩形调整形态中，投资者不可能在更低的价格上买涨。

即便如此，在矩形调整阶段，投资者买入汇价还是能够获得利润的。价格在强势调整以后，自然还会有更强势的走势出现。投资者买涨在图中位置，也是不错的机会。

步骤3：从美元/日元的价格走势来看，投资者能够发现突破阳线与矩形调整形态轮换出现，表明汇价的上行趋势非常显著。价格短时间的横盘走势，并未改变汇价上行态势。在汇价调整期间，投资者有足够的时间来建立多单。矩形调整形态限定了投资者的止损空间，价格上行的阻力被很快消化，投资者获利空间很大。

②汇价回调深度：

0.5的黄金分割线：0.5的黄金分割线是价格短线调整的重要支撑位置。当大阳线实体很长的时候，汇价向下调整的空间会非常有限。这个时候，投资者可以发现操作机会就出现在0.5的黄金分割线上。0.5的黄金分割线，是投资者重要的心理价位，也是很容易获得支撑的位置。汇价上涨空间很大，获得0.5的黄金分割线支撑以后便能够继续回升。

0.382的黄金分割线：汇价调整至0.382的黄金分割线，表明价格的下跌空间很小，只有在阳线实体很大的情况下，才会出现这种走势。实战当中，投资者可以发现，有效拉升的阳线出现后，价格可能仅仅回调至0.382就开始反转回

图10-10　USD/CHF——0.5的黄金分割线反弹

升。这样一来，把握该分割线的买涨机会，投资者自然能够获得不错的回报。

步骤1：使用黄金分割线来判断大阳线突破后的回调位置，是再好不过的方法了。图10-10中显示，美元/瑞士法郎的回调空间有限，价格达到了0.5的黄金分割线上，成为投资者买涨的理想位置。

步骤2：在大阳线形成向上的突破后，汇价总是会在重要的分割线上企稳。0.382的分割线的支撑力度不大，价格自然轻松跌破这一支撑位。黄金分割线的0.618处支撑虽然很强，价格回调空间却不容易达到这样的深度。

步骤3：判断大阳线的支撑效果，从汇价调整的空间就能够得到答案。图10-10中汇价下跌至0.5的分割线上，汇价反弹后显示出明显的买涨机会。如果大阳线的突破是无效的，那么汇价不可能这么快获得支撑。更好的并且是有效的买涨机会，出现在汇价真正反弹的时刻。0.5的黄金分割线上，汇价回调至此，反弹效果显然非常好。

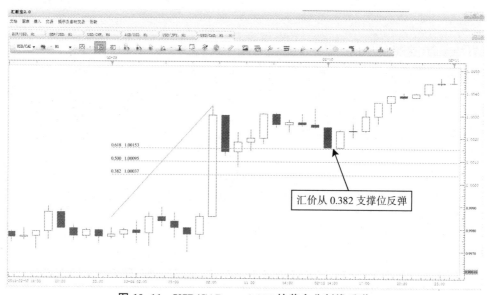

图10-11　USD/CAD——0.382的黄金分割线反弹

步骤1：图10-11显示，美元/加元的1小时K线图表明，价格的回升趋势已经明显体现在K线图中。从汇价短线调整的位置来看，黄金分割线的0.382起到了很强的支撑效果。价格在0.382而不是0.5或者0.618的分割线上获得支撑，表明大阳线的支撑效果非常理想。在大阳线之上，汇价将延续这种回升态势。

步骤 2：从操作上来看，投资者买涨在 0.382 的价格反弹位置上，必然能够获得利润。从收盘价格来看，汇价连续两次企稳在 0.382 的分割线以上，表明这种价格向上的突破是有效的。汇价调整时间很短，多数情况下处于阳线回升态势，显示出投资者的做多操作能够获利。

步骤 3：寻找在 0.382 的分割线上获得支撑的有效突破，这种努力其实有些困难。在很多情况下，汇价出现大阳线回升以后，支撑效果都不够理想，价格更容易跌破 0.382 的分割线。或者说，有些大阳线向上突破以后，根本不出现回调就一路向上了。0.382 的分割线上真的出现了汇价的反转走势，理应成为有效的买涨机会了。

二、有效突破的阴线压力

大阴线出现以后，阴线的实体长度，以及大阴线出现以后价格波动方向，决定了汇价反弹的压力大小。实体越长，汇价关系下跌的走势越容易出现。从价格反弹空间来看，价格如果根本达不到阴线实体内部对应的价位，那么说明大阴线的收盘价格压力很强，是容易做空获利的价位。

大阴线出现以后，判断阴线对应收盘价压力大小，汇价的 K 线形态以及价格反弹高度就能得到结论。

大阴线出现后，K 线形态和价格反弹高度：

①常见汇价反弹形态：圆弧顶形态：在大阴线形成以后，价格虽然会出现技术性反弹走势，但反弹阳线实体会不断萎缩。在汇价反弹乏力的情况下，圆弧顶反转形态很容易出现。圆弧顶反转形态虽然规模较大，但价格上涨空间不会太大，是投资者容易把握的高位做空机会。

楔形：大阴线出现以后，楔形反转形态是最简单并且持续时间更短的调整形态。楔形反转出现的时候，价格反弹速度很快，但汇价冲高回落的情况也在短时间内形成。在楔形反转走势中，价格波动空间快速收窄，汇价很容易跌破楔形下限，延续前期的下跌趋势。

矩形：矩形形态也是汇价反弹过程中经常出现的形态，该形态持续时间很短，是价格反弹后无法获得支撑的形态。在汇价开始反弹之初，价格回升速度很快。但是反弹空间有限，汇价沿着一个价格平台往复波动。当矩形持续到一定阶段，汇价反弹高度将不能达到矩形的上限，做空机会出现。

图 10-12　USD/CHF——圆弧顶反转

步骤 1：图 10-12 显示，美元/瑞士法郎的 4 小时 K 线图表明，大阴线后汇价出现冲高回落表现，圆弧顶充当了调整形态。随着价格的一路走低，投资者可以将圆弧顶看作下跌中做空的有效形态。

步骤 2：大阴线形成以后，汇价即便反弹，上涨幅度也不会很高。圆弧顶的调整形态显示，多方力量非常虚弱，价格虽然能够反弹，但不仅涨幅很小，也很容易冲高后加速杀跌。

步骤 3：阴线出现以后，体现压力效果的形态，莫过于尖顶反转和圆弧顶反转形态了。在尖顶反转形态中，价格短线上涨空间很大，却也容易转变为下跌趋势。如果大阴线出现以后，价格是以这两个反转形态完成的下跌走势，投资者做空动作应该更快才行。

步骤 1：图 10-13 显示，澳元的 1 小时 K 线图表明，大阴线出现后价格反弹走势明显。汇价反弹形态是楔形上涨的情况。楔形调整形态持续时间虽然较长，却并不成为有效的买涨信号。可见，楔形的调整形态应该是反弹无效的形态。

步骤 2：在楔形反弹走势中，投资者可以发现其中的卖点很多。支撑楔形调整形态的支撑线，以及压制价格回升的压力线，两跳线最终能够汇聚到一点。价格向上突破是假突破，而价格跌破楔形上限，并且在形态内部调整的过程中，当然是做空的机会了。

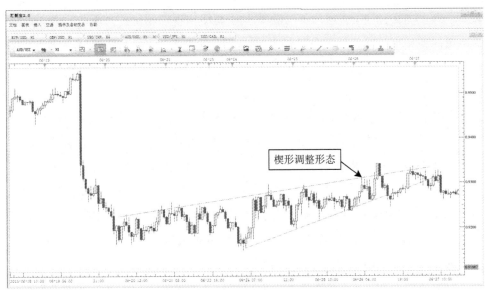

图 10-13　AUD/USD——楔形调整

步骤 3：楔形形态中，汇价反弹高度并不小，但是价格波动空间逐步收窄的时候，真实的突破是向下的。大阴线的实体多达 200 点，对多头来讲确实是非常大的压力。楔形调整形态持续时间很长，却不改变调整的性质。真正的行情出现，总是在价格冲高调整后开始。楔形调整完成后，汇价自然重新进入加速下跌趋势。

图 10-14　GBP/USD——矩形调整

步骤1：图10-14显示，英镑的1小时K线出现了明显的大阴线，大阴线后的矩形调整又很明确。从收盘价格来看，矩形调整形态中的K线是从高位震荡走低的。虽然价格双向波动，每根K线都倾向于收盘在低点，表明英镑的弱势调整依然是不错的做空机会。

步骤2：判断大阴线的压力越大，汇价反弹概率越小。图10-14中价格反弹走势中，仅在开始阶段出现了阳线，接下来的汇价横盘运行趋势，表明理想的下跌趋势并未改变。从操作上来看，投资者可以尽可能地选择做空，而不是在价格低点买涨。

步骤3：图10-14中显示的矩形调整形态，并不仅仅这一次出现了。前期汇价出现大跌阴线之时，矩形横盘的调整走势也曾出现过。矩形横盘的时间都不长，价格更容易出现恐慌性的做空行情。

②汇价反弹高度：0.5的黄金分割线：大阴线形成以后，价格反弹高度不会太大，最大能够达到0.5的黄金分割线附近。也就是说，大阴线累计跌幅的一半，或者说价格从高位下跌的一半跌幅，对应的价位是汇价折返的重要位置。如果汇价真的反弹至0.5的黄金分割线，并且汇价很快出现见顶信号，那应该是非常理想的做空位置。

0.382的黄金分割线：汇价反弹至0.382的黄金分割线上，是大阴线后多少

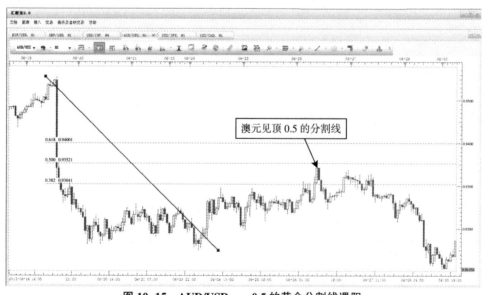

图10-15　AUD/USD——0.5的黄金分割线遇阻

情况下的价格反弹高度。既然是有效的回落阴线，那么做空能量就会很大。汇价不可能轻易改变运行趋势，而黄金分割线的 0.382 对应的价格反弹高度不大，是可以把握好的卖点。

步骤 1：图 10-15 显示，澳元的 1 小时 K 线中的大阴线形态，是更为可靠的做空信号。大阴线的实体很长，汇价在这个位置的跌幅很大。从汇价的走势判断，价格最终反弹至 0.5 的分割线上，表明空头行情中的反弹强度很高。

步骤 2：即便反弹至 0.5 的黄金分割线，价格遇阻后回落的趋势也非常明显。图 10-15 中显示，澳元成功反弹至 0.5 的分割线以后，汇价下行趋势加速开启。判断 0.5 的分割线上压力强弱，仅从价格快速杀跌就能看出来。汇价反弹的过程中，见顶 0.5 的分割线的价格走势，明显是一个尖顶形态。投资者将价格反弹遇阻看作卖点是不错的。

图 10-16 GBP/USD——英镑反弹回落

步骤 1：图 10-16 显示，英镑的 1 小时 K 线图表明，大阴线明显形成了有效突破。汇价大跌一来，价格从低点弱势反弹，并且达到了 0.382 的黄金分割线附近。汇价反弹强度显然不大，价格在 0.382 附近运行不过 10 根 K 线，或者说 10 个小时时间。

步骤 2：英镑短线反弹节奏很快完成，并且几乎形成了尖顶的反转形态。在大阴线的压制下，价格很难出现有效的突破。价格反弹高度虽然难以判断，但是英镑的反弹之路显然很快止于 0.382 的分割线上。由此可以断定，黄金分割线的 0.382 的阻力很强，价格冲高回落也在情理之中。

步骤 3：大阴线形成的压力位，是投资者今后做空的重要依据。判断汇价反弹无效的情况下，投资者紧跟着做空便能适应价格的变化了。在汇价反弹阶段，同样的时间里上涨空间有限，而汇价转为回落后，短线下跌幅度惊人。这也是大阴线后下跌趋势主导汇价走势的重要原因。

第三节　形态的复杂性

一、影线对买卖开仓的影响

从汇价的 K 线图来看，价格双向波动的情况非常容易出现。特别是在价格突破以前，压力和支撑都很强的时候，价格回落后出现反弹，而汇价涨幅过高的时候又会出现向下的调整。这样一来，投资者不管是买还是卖，总会遇到价格逆市波动的情况。

一根 K 线如果带着很长的影线，对投资者单边操作并且获得利润非常不利。比如，当投资者判断价格会出现下跌的时候，操作方向显然应该是做空的。但是趋势出现之前，汇价即便短时出现下跌，K 线收盘时出现反弹，形成一个下影线很长的阳线。带着很长下影线的阳线，很容易使空单止损，更容易迷惑投资者。

影线对买卖外汇影响：

①止损空间必然放大：当 K 线形态上出现较大影线的时候，如果影线指向的方向与投资者持仓方向相反，那么止损空间必然会很大，才能避免"被止损"的情况。汇价双向波动的过程中，投资者开仓价位不可能十分完美，K 线形态上出现的长影线，会使投资者的持仓短线遭受很大损失。

②双向波动影响趋势判断：在汇价双向波动的过程中，投资者判断价格运行趋势要困难得多。虽然从收盘价格上来看，价格波动空间可能不高，但带着很长影线的 K 线形态，很明显会影响投资者对价格波动方向的判断，减小盈利概率。

③降低持仓耐心：投资者一旦处于持仓状态，对盈利的期待就会增强。如果汇价频繁出现双向宽幅波动，投资者的持仓耐心肯定会受到影响。本来对汇价运行方向的判断可能是正确的，却会在错误的方向上作出选择。这样一来，正常的持仓方向改为错误的操作方向，长此以往必然遭受重大损失。

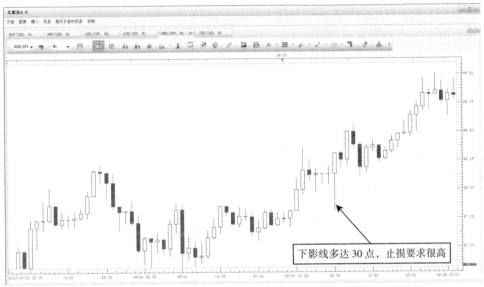

下影线多达 30 点，止损要求很高

图 10-17 USD/JPY——1 小时 K 线中价格回调

步骤 1：图 10-17 显示，美元/日元的 1 小时 K 线图表明，虽然汇价处于回升趋势中，但是回调的 K 线走势对投资者止损要求很大。也就是说，如果投资者已经持有多单，那么图 10-17 中下影线能够达到的价位，不应包括止损价格。一旦投资者开仓买涨的止损最低价设置在影线以内，必然因为被动止损丧失盈利机会。

步骤 2：止损空间过大或者过小，都无助投资者获得利润。虽然汇价波动空间很大，投资者并不能因此设置无限大的止损价位。如果因为止损空间很大，现实的亏损很可能让投资者主动结束持有仓位。在建立买涨头寸以后，恰当而有效的止损位置，应该选择在支撑线以下，这样才不至于被动止损。

步骤 3：汇价总是存在特定的波动特征，价格在一根 1 小时 K 线中的波动空间有一定范围。通过分析 ROC 指标（价格波动率指标），投资者能够发现大部分时间里价格波动的强度。如果投资者的止损位设置在汇价的一般波动强度以外，自然能够起到止损效果。

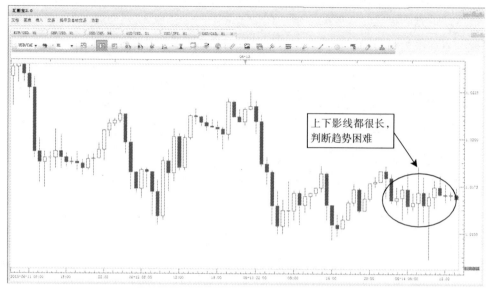

图 10-18　USD/CAD——宽幅波动的调整走势

步骤 1：图 10-18 显示，美元/加元的 1 小时 K 线图表明，汇价波动强度在图中所示位置出现了增强。鉴于汇价运行趋势依然向下，但价格的下跌趋势出现减缓迹象，图中的 K 线形态上的双向影线频繁出现，说明汇价将要出现一次方向性选择。

步骤 2：带影线的 K 线形态频繁出现，对投资者选择价格波动方向来说是件难事。长长的下影线表明下方支撑较强，而上影线的频繁出现，又显示出价格在高位阻力也很大。价格总是要形成一个突破口，而投资者判断价格的运行趋势，还需要根据更稳定的形态特征来判断。

步骤 3：单根 K 线以及简单的 K 线组合，并不能显示出明确的价格波动方向。特别是在价格双向波动的过程中，投资者把握住操作机会的关键问题，还是要根据价格更大规模的形态来判断。K 线形态本身都是有欺骗性的，价格突破形态以后的运行趋势可能并不按预计那样发展。

步骤 1：图 10-19 显示，美元/加元的 1 小时 K 线图表明，汇价在短线下跌后形成圆弧底反转形态。汇价在圆弧底的支撑下一路上扬，成为投资者买涨的重要看点。圆弧底反转形态持续时间不长，并且与前期价格形态明显不同。

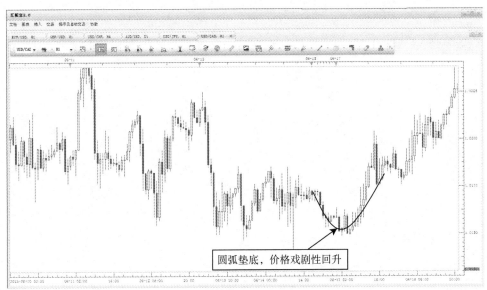

圆弧垫底，价格戏剧性回升

图 10-19 USD/CAD——汇价惊险回升

步骤 2：前期价格波动空间很大，并且 K 线的影线很长，投资者很难在价格震荡中发现操作机会。但图 10-19 中圆弧底的出现，改变了汇价短期蛰伏的情况。价格很快以圆弧底为起点开始回升，俨然是一个有效反转走势。

步骤 3：在 K 线形态上出现影线的时候，多空双方已经验证了双方强弱状

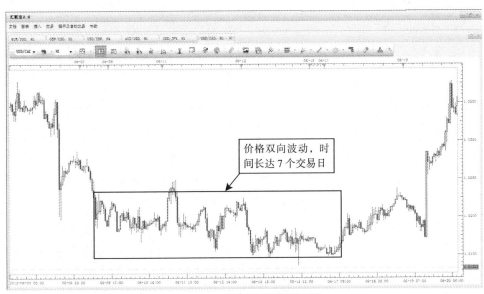

价格双向波动，时间长达 7 个交易日

图 10-20 USD/CAD——底部调整时间长达 7 个交易日

况。在频繁的双向波动结束后，价格短线回落便开始一路走强，显示出价格突破的效率还是很高的。如果汇价的突破行情得到延续，投资者可顺势操作并且赢得利润。

步骤 1：图 10-20 显示，美元/加元的汇价持续时间长达 7 个交易日的弱势横盘整理状态，被圆弧底的反转走势取代。价格调整时间很长，7 个交易日的调整中，汇价双向波动非常明显。尽管价格重心在回落，但回落的速度明显放缓。这样，汇价终于在圆弧底的支撑下走出一波上行行情。

步骤 2：在多数时间里，价格波动方向并不是明确的大涨大跌的情况。图 10-20 中显示的美元/加元的价格走势，是汇价常态化的价格变化。针对这种价格走势，投资者应该做好应对的准备。即便汇价还未出现有效突破，投资者可以少量资金买卖，来应对可能出现的突破。

步骤 3：在汇价横向运行之时，投资者的持仓耐心总会受到很大挑战。价格波动趋势总是不确定，而短线涨跌后折返走势又总能出现。这个时候，缺乏耐心是很难抓住操作机会的。在价格脱离挑战区域之前，投资者可以在波动操作中获得利润。汇价脱离调整走势之前，投资者开仓以后不容易遭受很大损失。价格总是在双向波动，短线买卖就能够获得利润。

二、价格双向波动的应对措施

汇价的 K 线形态上带有很长的影线，将明显影响到投资者的操作过程。实战当中，投资者的买卖方向可能受到价格异动影响。特别是在价格波动空间较大而波动方向又不确定的情况下，投资者可能因此遭受很大损失。

价格双向波动的时候，不利于投资者正确开仓，更不利于投资者设置合理的止损位置。毕竟，要想获得尽可能多的利润，单边趋势最容易获利。如果价格波动方向不确定，投资者开仓以后任凭时间多长，都很难获得高额回报。除非短线操作手法非常娴熟，能够把握住短线中更多的操作机会。实战当中，短线操作机会把握很困难，在价格双向波动过程中来回买卖更容易遭受损失。

双向波动应对措施：

①优选开仓位置：在开盘价位选择上，投资者如果能寻求更重要的压力位做空，或者理想的支撑位买涨，就不会因为价格双向波动而不知所措。在压力位面前，价格会明显遇阻回落。在支撑位附近，汇价双向波动也不会轻易击穿支撑价。

②合理资金投入：如果投资者开仓资金不多，即便汇价波动空间很大，也不会因为价格双向波动遭受很大损失。并且，设置合理止损空间的情况下，投资者还可以有足够的剩余资金用于二次开仓，这样价格朝着对投资者有利的方向运行后，投资者可以继续开仓盈利。

③耐心持有仓位：在价格双向波动的时候，投资者应该耐得住价格波动，继续按照事先准备的操作方向持有仓位。很多的价格突破并非一次成形的，而是在价格频繁波动过程中进入单边波动趋势。这样一来，忍耐频繁的价格波动，成为考验投资者的一道难题。价格何时朝着有利于投资者的方向运行，还需要时间来检验。如果投资者的开仓价位合理，在活跃的欧洲时段或者美国时段，很容易获得价格突破后的利润。

图 10-21 AUD/USD——昙花一现的高位做空机会

步骤 1：汇价双向波动的时候，投资者能够发现其中的操作机会其实很多。图 10-21 显示，澳元明显处于回落趋势中，但投资者要想把握最佳做空位置，还需耐心等待价格反弹才行。图中冲高回落的一根阳线，便是澳元反弹中提供的做空机会了。

步骤 2：之所以选取汇价反弹阶段做空，是因为图 10-21 中汇价恰好反弹至下跌趋势线附近。下跌趋势线又是经过多次验证的有效压力位。从这个价格高位做空，不仅止损空间可以设置得很小，投资者获利潜力也被有效放大。

步骤3：耐心选取开仓位置，对投资者的要求很高，价格不一定能够达到理想的卖点，但卖点一旦出现，又是稍纵即逝的。图10-21中澳元短线反弹的走势，明显是冲高回落的情况。价格上涨空间很大，但最终还是回落下来。可见，选取恰当的开仓价位，其实还很困难。理想开仓时机出现以前，投资者应该保证有足够的资金来开仓。一旦操作机会出现，全力以赴把握机会又非常关键。

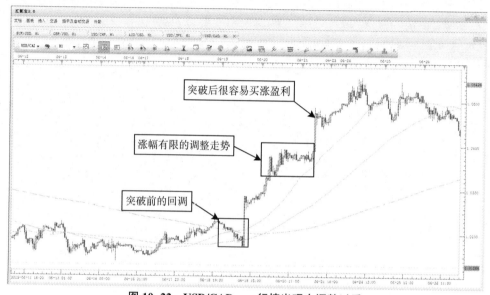

图10-22　USD/CAD——行情出现在调整以后

步骤1：图10-22显示，从美元/加元的汇价走势来看，价格在回升趋势加速之前，一度出现了持续的回调。汇价突破后投资者买涨自然能够获得利润，突破之前的耐心操作是非常必要的。在突破的节点上，投资者的持仓不应很高，这样可以在行情来临之前节省资金。如果行情真的能够出现，那么投资者等到趋势清晰的时候买涨也不迟。毕竟，价格突破以后的趋势更明确，投资者根据真实趋势操作也更容易获得利润。

步骤2：在汇价出现突破前，价格总是出现调整的情况，这并非每次都如此，但是大行情的出现总是存在价格的率先调整。调整走势的出现是多空双方快速调仓的结果。特别是资金大的机构，利用消息面出现前的空档期完成开仓和调仓动作，才能适应价格会出现的异常波动。就算投资者想要在价格突破后获得丰厚的利润，选择价格突破前的调整期间买卖，也是非常必要的。影响汇价的重大消息真正出现之时，价格波动速度异常迅速，投资者只能利用事先建仓资金来获得利润。

步骤 3：价格的突破其实很容易成为现实，只要有非农业方面数据之类的消息出现，那么投资者就能够发现价格突破后的操作机会了。不过汇价双向波动的过程中，买卖点位总是很难把握。特别是在消息出现之时，价格可能存在两个方向的波动。一根突然出现的大阴线虽然是向下的，但是价格首先冲高回落，对投资者的止损压力也很大。

图 10-23 USD/CHF——大跌后的高位做空机会

步骤 1：图 10-23 显示，美元/瑞士法郎的 1 小时 K 线图表明，价格在大幅度杀跌以后出现强势反弹。汇价反弹空间虽然很高，但下跌趋势未变。这个时候，投资者不仅需要选择恰当的做空位置，还应该在投入资金合理的情况下，尽可能地耐心持有空单。

步骤 2：既然大阴线的连续下跌代表了汇价的主要波动方向，那么反弹也只能短线影响价格的下跌趋势。图 10-23 中显示，汇价反弹中连续两次冲高回落，表明是非常理想的做空信号。

步骤 3：如果 K 线实体很长，并且连续出现实体较长的 K 线，那么投资者很容易确认价格的突破方向。事实上，汇价连续向一个方向突破的时候，买卖方向已经明确了。图 10-23 中美元/瑞士法郎的下跌阴线很多，并且连续下跌的阴线实体远超过调整的阳线实体，表明价格继续向下的趋势未变。

第十一章　均线分析

均线分析对正确买卖外汇的作用很大。股票、期货等买卖操作，可以使用均线指标作为指导，外汇期货的买卖同样可以。外汇价格的波动虽然瞬息万变，但汇率走势总会受到均线影响。均线作为支撑线（或者阻力线），对价格走势的影响很大。不同周期外汇价格的走向，投资者可以使用均线判断阻力和支撑位，提高买卖的准确性。

本章以斐波那契数值的 13、34、89 作为均线的计算周期，得到的均线指导投资者的买卖活动，为把握外汇投资交易的点做准备。

第一节　13 日斐波那契数字均线

13 作为斐波那契数字的第七个数值，作为均线还是不错的选择。较小的斐波那契数值，得到的均线支撑或者压力效果不理想，容易出现假突破的情况。13 日的斐波那契数值虽然数值不大，却也能当作价格突破的短期均线来使用，这对于投资者获得比较理想的操作时机非常重要。但凡重要的突破走势，都是在汇率价格突破 13 日均线后完成的。这样一来，投资者以 13 日均线作为操作的起始点，是可以获得理想的操作点位的。

13 日斐波那契数值作为短期均线，可以指导投资者长达十几根乃至二十几根 K 线的操作。也就是说，不管投资者使用的是 4 小时的 K 线图，还是日 K 线图或者是周 K 线图，都可以在 13 日的斐波那契数值均线上找到相应的操作点。

如果是 4 小时 K 线图，那么汇价运行至均线以上后，如果判断价格上行比较明确，那么在 40~80 小时持有多单一般是可行的。价格可以在多达 20 根左右的

K线占用时间里走强，而投资者却可以持多单获利。

汇率的波动也具备一定的连续性，而不是毫无方向的上下波动。这样一来，投资者既可在价格相对于13日均线走强时做多，也可以在价格回落时做空，都可以获得对应的利润。

使用13日均线作为买卖开仓或平仓的依据，投资者可以遇到三种价格情况：

1. 价格围绕13日均线横向波动

技术要点：

①当汇价沿着13日均线横向运行时，如果13日均线也是横向走势，说明价格还未形成单边趋势，投资者判断买卖方向将会很困难。

②多数情况下，这种汇价横向运行的情况，会最终延续前期价格的波形方向。如果汇价前期是持续回落的情况，那么汇价在横盘后不久也会出现相应的下跌。如果前期价格处于上升趋势中，那么一旦价格向上突破13日均线，汇价就会震荡上行，并且持续回升。

③汇价真正有效突破13日均线之时，才是投资者顺势开仓的机会。汇价如果以大阳线突破13日均线，那么投资者可以加仓做多获利。大阴线跌破13日均线的时候，投资者可以做空获利。

图11-1 EUR/USD——13日均线横向波动

步骤1：图11-1显示，从EUR/USD的汇价走势图可以看出，价格在震荡下挫后开始横向运行，这个时候的13日均线同样延续了横向运行的情况。从图11-1中可以看出，投资者操作方向并不能很快确定。汇价运行方向不明确的情况下，投资者以短线观望为主，不建议大量资金涌入来进行投机买卖。

步骤2：从图中RSI指标来看，14日的RSI正处于50线以下，表明汇价走强的阻力还是比较大。这表明，汇价如果没能出现明显向上突破，或者说RSI指标没有显著企稳在50线以上的话，做多操作可以非常谨慎地进行。

2. 汇价明显突破13日均线

技术要点：

①如果汇价明确突破了13日均线，那么投资者应该尽快采取开仓应对措施。汇价突破13日均线可以是一段时间内的盈利机会。价格波动方向可以持续向突破方向运行，投资者跟随汇价突破13日均线的方向开仓，容易获得短线利润。

②13日均线虽然计算周期不长，对价格波动方向的预测效果却还是比较好的。值得一提的是，汇价突破13日均线以后，短线操作机会稍纵即逝。价格短线波动的趋势持续时间短，涨跌幅度可能也会有限，投资者必然应该以更快的速度选择操作方向才行。不过考虑到价格突破13日均线可能存在假突破情况，投资者也应该在谨慎的基础上操作才好。

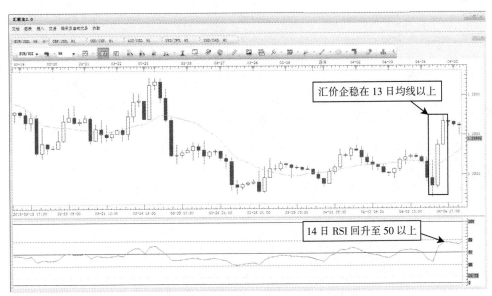

图11-2 EUR/USD——汇价突破13日均线

步骤1：图 11-2 显示，从 EUR/USD 的 4 小时 K 线走势图来看，汇价的波动中出现了连续三根阳线。并且，其中的两根阳线实体很长，瞬间突破了 13 日均线，可以看作汇价向上走强的信号。从图中来看，汇价将进一步地回升，投资者若能精准把握操作机会，便可获得不错的利润。

步骤2：从 RSI 指标的变化看，14 日的 RSI 指标已经从 50 线以下向上突破，显然可看作盈利的时机。如果 EUR/USD 继续向上，那么投资者可以短线开仓做多获利。

总的来看，汇价已经从横向运行转为向上的突破，突破点出现以后，投资者便可做多盈利。汇价震荡向上的过程中，投资者便可获得不错的回报。

3. 汇价处于 13 日均线一侧单边运行

技术要点：

①当汇价已经处于 13 日均线一侧单边运行时，投资者应该做的事情是判断趋势能否延续，或者说汇价短线是否存在超买超卖的情况。

②如果汇价在 13 日均线一侧继续运行，并且这种波动趋势还在加速，投资者可以单边持仓获利。

③价格处于 13 日均线一侧运行，但是超卖或者超卖信号多次出现，那么投资者一定要注意风险。毕竟 13 日均线是一个短期均线，汇价不可能连续运行在

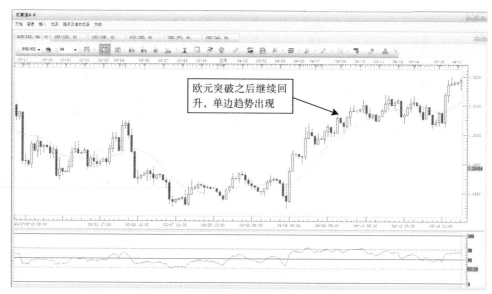

图 11-3　EUR/USD——汇率单边趋势形成

该均线一侧，调整一旦出现，投资者应该考虑调整仓位减小单边持仓风险。

步骤 1：图 11-3 显示，当 EUR/USD 成功运行至 13 日均线以上后，投资者已经能够发现做多机会了。前期看来，汇价并没有真正企稳回升。当三根上涨突破的阳线完成以后，价格向上的突破就会非常有效果。13 日均线虽然是短期均线，但对投资者的意义仍然很大。按照图中的突破来开仓能够获得做多利润。

步骤 2：从 13 日均线的走向来看，自从汇价向上突破以来，该均线就已经持续回升了。图 11-3 中显示，汇价在 13 日均线回升的过程中不断走强，从突破点向上算起来，汇价至少有效回升了 278 点，才短线跌破了 13 日均线。投资者获利潜力显然很高。

疑难分析：

比较明显的操作机会，都是在突破之后形成的。投资者没有必要将时间花费在横向波动的走势中。突破后的操作机会更为准确，持币投资者完全可以在汇价突破 13 日均线后采取行动。实际上，投资者已经能够发现，13 日均线在短线买卖中的指导效果很强。13 日均线对短期汇价波动方向的影响很大。汇价处于 13 日均线附近横盘，或者说已经突破该均线的情况，是现实中汇价的基本运行方向。若结合 13 日均线与相应的中长期均线，会获得意想不到的效果。

第二节　34 日斐波那契数字均线

34 日均线是比 13 日均线更有效的均线，判断汇价多空趋势的时候，发挥着更大的指导作用。汇价波动空间很大，但是 34 日均线一旦被突破，那么单边趋势就很可能出现改变。特别是在 4 小时 K 线图中，34 日均线可以作为投资者判断突破的有效工具。

在 4 小时 K 线图中，反转形态一旦出现，价格就需要突破 34 日均线。当 34 日均线的阻力被有效突破以后，价格单边运行的情况基本会延续下去。事实上，34 日均线的阻力很强，但价格突破后的支撑也会很强。如果汇价完成了反转形态，并且顺利企稳在反转形态以上，那么价格将延续这种单边运行的趋势。

在 4 小时 K 线图中，投资者可以很容易发现价格突破 34 日均线并且确立单边趋势的走势。

1. 13 日均线突破 34 日均线的开仓信号

当 13 日均线突破 34 日均线的时候，投资者可以判断价格的波动方向出现了逆转，正是顺势开仓的机会。13 日均线突破 34 日均线的情况，可能会在短时间内出现两次以上。那么如果连续两次突破了 34 日均线，那么开仓机会就很明确了。价格会在突破以后单边运行，投资者可以利用均线出现交叉形态的时候开仓。

技术要点：

①大阳线（或者大阴线）突破 13 日、34 日均线：当 K 线实体足够长，并且顺利突破了 13 日和 34 日均线的时候，两条均线才有可能形成有效的交叉形态。判断 4 小时 K 线中价格突破的信号，首先应该从 K 线形态上判断价格已经突破了均线。

②价格获得两次以上支撑：如果汇价震荡上行，那么首先应该至少获得两次有效支撑才行。价格获得两次有效支撑后，反转走势更加有效。这个时候，均线也会完成两次交叉形态，支撑汇价逐渐走强。

③均线交叉形态出现两次：13 日和 34 日均线的交叉形态连续两次出现，那么表明这种突破是非常有效果的。这个时候，投资者根据价格突破的走势判断买涨操作，自然能获得成功了。虽然两次交叉形态并非必要，但却是大行情出现的基本条件。

步骤 1：图 11-4 显示，在欧元/美元的 1 小时 K 线图中，汇价从底部回升的时候，一度形成了 A、B、C 三个价格底部。在底部形态出现以后，价格以大阳线向上穿越了 13 日和 34 日均线，显然是看涨的信号。价格从底部回升的时候，促使 13 日和 34 日均线走强，表明正是买涨的机会。

步骤 2：价格底部的确认需要一个过程。特别是阳线实体不是很大的时候，更需要连续几次突破 13 日均线才行。图 11-4 中汇价三次突破了 13 日和 34 日均线，表明突破是有效果的。

步骤 3：价格突破 13 日和 34 日均线的时候，之所以是看涨趋势，与价格重心向上移动有很大关系。低点被抬高而价格高位向上移动的时候，趋势就已经形成了。这个阶段也正是投资者买涨的大好机会。

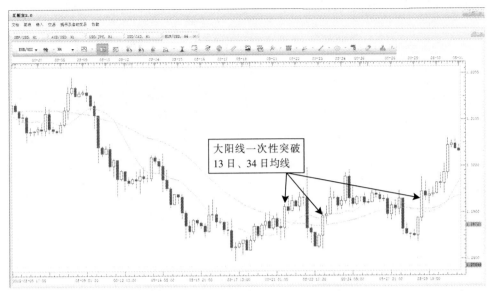

图 11-4　EUR/USD——三次阳线穿越

图 11-5　EUR/USD——两次金叉形成

步骤 1：图 11-5 显示，欧元汇价在走强的过程中，13 日均线连续两次向上穿越了 34 日均线，成为可确定的看涨信号。如果说 13 日均线首次穿越 34 日均线的时候，投资者还会考虑突破是否有效的问题。汇价比不处于横盘状态，而 13 日均线第二次向上穿越 34 日均线后形成金叉，自然是买涨的机会了。

步骤 2：在 13 日均线首次金叉穿越 34 日均线的时候，价格明显出现回升信号。在汇价短线调整的时候，13 日均线会出现向下回调并且再次金叉穿越 34 日均线的情况。这个时候，价格短线回调以及 13 日均线的短时间内回落，给投资者一种有效突破的感觉。事实上，汇价的低点并未创新低，13 日和 34 日均线再次形成金叉，成为买涨信号。

步骤 3：欧元的汇价走势表明，K 线形态上突破均线，并且两条均线形成了两次看涨金叉信号，表明价格上的突破是有效果的。汇价并没有横向波动，三个价格底部被不断抬高，也是看涨的重要信号。

2. 13 日均线回调 34 日均线的开仓信号

技术要点：

①大阳线支撑价格反弹：如果汇价正处于上升趋势中，那么价格短线调整的时候，必然需要大阳线发力支撑汇价反转向上。这个时候，投资者可以有效把握住价格的反弹走势，开仓获得价格回升的利润。

②简单有效的反转形态：在大阳线出现以后，价格反弹速度很快，投资者的最佳买涨机会就出现在反转的一瞬间。价格回调的过程中，反转形态往往非常简单，并且具备较强的支撑力度。判断支撑价格反转的形态非常有效，那么 13 日均线与 34 日均线之间的距离会快速扩大，投资者从此将持续获得利润。

反弹阳线支撑
价格继续回升

图 11-6　EUR/USD——大阳线出现在反弹期间

步骤 1：图 11-6 显示，欧元回升趋势中出现回调情况，但都以汇价快速反弹结束了调整。图中反弹情况以两次阳线开始的，价格在反弹之后一路走高。13日均线短时间内回调至 34 日均线的时候，并没有改变汇价的上行趋势。

步骤 2：价格虽然明显处于回升趋势中，但是短线调整总是频繁出现。事实上，价格在 4 小时 K 线中表现出来的回调，恰好是既没有改变回升趋势，也为投资者提供了短线买涨的机会。价格调整至 34 日均线的时候，投资者低点开仓获利空间会更大。

步骤 3：在明确的回升趋势中，汇价下调的情况虽然明显，价格反弹效率更高。这样一来，短线调整成为多空双方调仓的机会。做空的投资者，可以利用汇价调整的机会减小损失，而多方可继续买涨获得利润。在 34 日均线以上，汇价快速反弹推动 13 日均线再次拉升，是投资者买涨的机会。

图 11-7　EUR/USD——尖顶反转形态结束反弹

步骤 1：图 11-7 显示，欧元下跌趋势未变，价格跌幅较大的时候出现了技术性反弹走势。13 日和 34 日均线的压力较大，汇价反弹至 34 日均线的时候，大幅下跌的阴线很快形成了。这样，价格的下挫也验证了下跌趋势。

步骤 2：在单边趋势中，价格回调很难改变价格运行趋势。汇价处于下跌趋势的时候，短线反弹阳线也同样不能改变价格的回落趋势。这样一来，投资者便可以在价格反弹并且以大阴线结束的时候做空了。图中大阴线出现，显然完成了尖顶反转形态，成为投资者再次做空的起点。

步骤 3：在汇价单边运行的时候，价格短线调整的情况经常出现。价格波动强度很大，投资者据此可以增加开仓数量。在汇价单边上涨后者单边下跌的时候，调整虽然短线改变汇价波动方向，但是价格重新进入单边趋势的速度也很快。在汇价单边上涨的时候，调整走势会以大阳线重新反弹上涨开始。在汇价单边下跌的时候，大阴线形成的尖顶形态，也是汇价下跌的起始点。

第三节　89 日斐波那契数字均线

把 89 日的斐波那契数字当作均线的计算周期，得到的均线的应用效果也会很高。实际上，在价格变化过程中，汇价很容易突破 13 日或者 34 日均线，但是 89 日均线的压力却不容忽视。价格很难短时间内有效突破 89 日均线，即便是从日 K 线中分析价格走向，也是如此。

既然 89 日均线的阻力很大，投资者显然应该将关注的重点放在该均线上。在 1 小时 K 线图中，价格波动强度再大，显然应该在突破 89 日均线后形成真正的反转。在 89 日均线形成的反转形态，是投资者可以作为开仓机会的重要信号。

如果汇价已经形成了单边趋势，那么价格在 89 日均线上反弹回升的时候，就是不错的买涨时机。或者说，汇价处于 89 日均线以下的时候，价格从 89 日均线上反转回落，也是不错的卖点。

89 日均线是价格波动过程重要的阻力位置，单汇价在处于 89 日均线一侧运行的时候，操作机会就出现在价格从 89 日均线折返的过程中。一旦价格有效突破 89 日均线，反向操作机会就会出现。在价格突破 89 日均线的那一刻，投资者能够发现汇价回抽 89 日均线后买卖机会。

技术要点：

①汇价突破 89 日均线：价格在 89 日均线出现突破的时候，投资者能够发现期间的操作机会很多。汇价前期的波动方向虽然确定，但一旦汇价突破 89 日均线，反向运行趋势就会形成。投资者在汇价突破 89 日均线后可以考虑反向操作

获得利润。

②价格短线回抽均线：当汇价有效突破 89 日均线以后，短时间的回抽还是必要的。在汇价运行趋势确定的情况下，价格突破了 89 日均线以后，也会出现反向回抽均线的情况，成为投资者非常重要的突破后的开仓机会。

③单边趋势中价格折返：在汇价波动方向确定的情况下，价格从 89 日均线折返的过程中，便出现了较好的操作机会。在汇价单边运行的时候，89 日均线的阻力还是很强的。一般情况下，价格总是会在 89 日均线上出现折返，投资者可以据此判断单边趋势中的操作机会。

图 11-8　USD/CHF——汇价跌破 89 日均线卖点

步骤 1：图 11-8 显示，美元/瑞士法郎的 1 小时 K 线出现了冲高回落情况，并且很快跌破了 89 日均线，表现出价格走弱时候的卖点。从操作上来看，投资者可以考虑在汇价跌破 89 日均线的时候做空。比较理想的做空机会，就出现在价格短线反弹至 89 日均线的时候。

步骤 2：如果汇价波动出现在转变的时候，总需要不停地确认反转的有效性。图 11-8 中显示，汇价跌破了 89 日均线以后，反弹至均线的走势就是确认压力的过程。如果投资者不急于做空，可以发现价格反弹的良好做空机会。

步骤3：价格跌破了89日均线以后，基本可以确认这种下跌趋势了。如果反弹走势并不是很强，投资者便可做空获得利润。当然，即便是真实的突破，确认下跌趋势也需要一个过程。因此，投资者应该考虑到在价格反弹高度很大的情况下可能造成的损失，以便在价格反弹时提供做空机会。

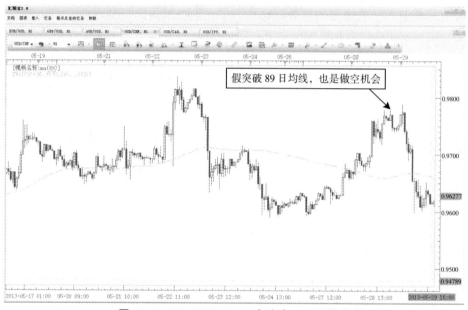

图 11-9　USD/CHF——二次跌破 89 日均线卖点

步骤1：图 11-9 显示，美元/瑞士法郎第二次出现了反弹，并且价格成功反弹至 89 日均线以上。看似已经成功摆脱了下跌趋势，但是价格反弹高度显然没有达到前期高位，这也提示投资者可以二次做空获利。

步骤2：汇价反弹上涨空间较大，说明下跌趋势中确认空头趋势需要一个过程。汇价虽然强势反弹，仅仅是技术性的反弹，不改变汇价下跌趋势。也可以说，汇价向上突破 89 日均线的时候，是个假突破走势。投资者继续增加做空资金，以便能够在汇价杀跌的时候获得利润。

步骤3：从汇价的反转形态来看，价格的回落趋势总要在反转形态完成以后出现。如果反转形态还未形成，那么汇价的下跌就是一句空话。在美元/瑞士法郎的下跌走势中，价格从高位连续两次跌破 89 日均线，既是反转形态完成的过程。也是确认 89 日均线压力的过程。连续两次跌破 89 日均线以后，汇价再无反弹上涨的可能，投资者可以据此获得利润。

图11-10　USD/CHF——汇价折返的卖点

步骤1：图11-10显示，价格两次成功跌破了89日均线以后，跌势不可阻挡。图中显示的AB两个位置上，汇价高位下跌并且一次性跌破了89日均线。当汇价成功跌破了89日均线以后，确认这种下跌趋势的走势已经不复存在。汇价连续创新低，投资者做空获利空间很大。

步骤2：既然汇价已经连续两次跌破了89日均线，那么汇价短线反弹至该均线的过程中，都是投资者做空的机会了。事实上，接下来汇价曾经接近并且看似向上突破了89日均线，都成为理想的做空位置。

步骤3：经过确认的89日均线的压力很强，汇价进一步下跌的过程中，投资者只能高位做空，而不能在价格低点反向买涨。做空的获利空间是难以估量的，而价格反弹的高度只能达到89日均线以下，这也为投资者做空获利提供了根据。

第十二章 资金管理策略

关于外汇资金管理的内容，是贯穿投资者买卖外汇始终的。只要投资者开仓并且打算获得利润，有效的资金管理就不得不提上日程。实际上，汇价波动的潜力较大，而资金管理不仅是帮助投资者赢得利润，还在于有效降低买卖风险。本章重点介绍关于风险承担能力、止损止盈、顺势获利和金字塔建仓问题。关注本书提供的资金管理策略，相信投资者能够在实战中获得利润。

第一节 风险承担能力1%原则

一、亏损阶段：1%的风险承担能力

进入外汇市场的投资者，只要进行交易，资金必然出现波动。不管投资者是处于亏损状态还是盈利状态，都应该注意承担风险应该适度。风险承受能力较强的时候，承担的风险比例不应提高。一旦投资者处于亏损状态，承担风险能力应该适应当时的资金状况。

设定一个合理的风险承受范围，对高风险的外汇交易十分重要。毕竟，汇价波动的不确定性很高，投资者能否获得利润还要看市场的脸色。投资者的资金量有限，设置合理的风险承受范围，是提高投资回报的关键因素。针对不同的投资者，风险承担能力的范围有很大差别。总的来说，使用百分比的方式限定风险，是比较有效的做法。实际操作中，百分比的风险承担能力，是多数投资者能够接受的做法。

在投资者已经处于亏损状态的时候，1%的风险承担能力被固定下来，那么

不管投资者怎样操作，短时间内都不可能超过这一亏损幅度。只要操作上出现盈利，并且是非常有效的获利，那么损失很容易就被弥补。

采取 1% 的操作策略时，不管投资者亏损到什么样的状态，剩余资金只能有 1% 被亏损掉。这样，随着资金量的萎缩，投资能够亏损的资金量也在减小。如果投资者的操作没有问题，并且能够在获利的时候把握行情中大部分利润，完全可以弥补亏损。

实战看来，如果已经处于亏损状态，投资者做到 1% 的风险承担能力，最大的阻力来自心理层面。在亏损的情况下，投资者的操作心态会受到影响，对风险的控制能力大大减弱。要想达到做到 1% 的风险控制目标，必须按照既定的操作来执行。

做到 1% 的风险控制目标，必须在资金投入、止损设置上予以执行。

1. 剩余足够资金维持保证金

在已经开仓的情况下，投资者必须维持足够的保证金，才能适应正常的交易过程。要想保证损失不超过总资金的 1%，首先应该具备足够在保证金。在保证金充足的情况下，才能合理安排止损位置，不会因为止损设置上的问题带来麻烦。

2. 最大止损控制在总资金的 1%

每一次顺利开仓后，最大止损位置的设置，应该符合 1% 的原则。在最不利的情况下，投资者止损出局，也不能将总资金的 1% 亏损掉。

3. 保证足够的盈亏比例

控制损失在总资金的 1% 以内，投资者还需注意盈亏比例的选择。如果盈亏比例不够高，那么投资者开仓并不一定带来丰厚的利润。合理的盈亏比例，应该在 3 以上。小于 3 的盈亏比例，表明开仓的意义不大。以更小的止损空间来获得更高的利润，是保证收益的大前提。

二、盈利阶段：1% 的风险承担能力

在盈利阶段，1% 的风险承受能力也是很重要的。投资者的资金量很大，不能说风险承担能力就一定强。风险承受能力，还要看投资者止损位置的设置，以及开仓数量大小来确定。

资金量大的投资者，同样能够以更大的资金量来开仓交易。风险控制在 1% 以内，还需要开仓数量适合资金的增长。如果投资者的总资金增长了 10%，而开

仓数量增长却高达 30%，就是明显不能适应总资金增长的操作。

　　投资者的风险承受能力本来处于 1% 以内，大幅度增长的开仓资金，必然抵消投资者的盈利的资金。多余的风险必须由投资者来承担。如果投资者还需要将风险控制在 1% 以内的话，必须在止损价位的设置上留有余地。止损空间是限制损失的最后一道屏障，但合理的止损位不应太小。过小的止损，很容易让投资者频繁平仓，这对正常的交易很不利。

第二节　善于止损，放大止盈

一、有断臂求生的魄力

　　在外汇交易中，风险可控获利潜力无限，关键在于投资者能否有足够的盈利机会去把握。盈利机会并不是市场给的，价格波动总是存在，关键在于投资者是否有足够的资金来完成盈利动作。在外汇保证金交易中，杠杆风险、价格波动风险、心理因素影响，都是阻碍投资者盈利的因素。高超的外汇交易者，总能在风险面前快速止步，而风险控制能力不强的投资者，无意中放大了许多损失却全然不知。

　　持仓阶段，善于止损是投资者首先要具备的能力。如果汇价波动方向并未像投资者预期的那样发展，短线止损不仅是一种魄力，还是二次获利的关键。趋势不可能总是按照投资者预期的方向运行，操作方向与价格运行趋势相反时，掉头转向其实是增加利润的有效办法。

　　市场总是正确的，而投资者的操作手法再高明，也有做反了的时候。向市场承认错误并不是坏事，至少这可以减少投资者的损失。顺应趋势也就是顺应市场，在大趋势中操作才能够持续获利。

　　在外汇交易中，资金管理涉及如何止损和如何止盈的问题，这也是影响投资者盈利空间的关键因素。止损操作关键在于善于断臂求生，在困境中减小损失，止盈的关键在于顺势中前行，尽可能获得更高的回报。

　　止损的过程中，可以有不同方式完成止损：

1. 固定比例止损

这种止损方式，是投资者事先已经设定了最大亏损程度。当汇价向止损方向波动时候，价格一旦达到事先设定的止损价位，马上完成止损指令。根据自身的资金安排，固定止损价位设置因人而异。比如操作美元/日元的时候，投资者预期最大亏损在30点的位置，可以在价格达到这一位置的时候考虑止损。

图 12-1　GBP/USD——下跌趋势中做空英镑

步骤1：图12-1显示，英镑的1小时K线图表明，汇价处于下跌趋势的时候，投资者可以考虑出现光头阳线的时候短线做空。前期英镑处于持续回落趋势，而光头阳线恰好达到了短线价格高位附近，正是做空的有利时机。固定止损位向上推30个点。光头阳线收盘在1.4944，那么向上推30个点的止损，达到了1.4974。

步骤2：固定止损位设置简单，投资者只需要根据汇价波动潜力，以及价格短线波动最大空间，就能够判断出止损位置。英镑一般波动空间能够达到30点附近。如果价格波动达到了30点以上，表明突破很可能会出现。30点是个保守的点位，投资者可以在价格逆市波动30点的时候止损。

步骤3：固定止损位一旦设定，价格波动空间达到这个位置的时候，投资者就应该考虑止损了。投资者在开仓以后，不能频繁调整止损位，即便处于被止损的边缘，也不能轻易扩大或者主动止损。价格波动强度并不是投资者能够预料到的，根据事先安排来完成止损动作，是比较可靠的做法。

图 12-2　GBP/USD——汇价冲高回落，已经止损

步骤 1：图 12-2 显示，英镑的 1 小时 K 线图表明，价格在一个小时内冲高回落，形成了一根带很长上影线的阴线。这根阴线的最高价达到了 1.4992，明显超过了投资者设定的 1.4974 的点位，那么投资者已经被迫止损出局了。

步骤 2：虽然汇价在 1 小时 K 线上表现出冲高回落的形态，但是这并不影响投资者正常止损。汇价短线冲高回落，并不代表价格不会继续回升。在价格达到止损位的时候，投资者短线止损是非常必要的做法。

步骤 3：在行情出现之前，汇价短线试探性地大涨，是突破前的重要信号。尤其英镑的汇价走势，具有很强的投机性。价格短线变化莫测，投资者只能根据价格变动，来灵活调整操作策略。止损在价格突破前是必要的。投资者如果持仓方向正确，就不担心会被止损。被止损的情况下，只能说投资者的买卖方向出现了问题。

步骤 1：图 12-3 显示，英镑在突破之前显然出现了试探性的冲高走势。很长的上影线表明，价格波动潜力有向上的趋势。这个时候，投资者被迫止损也减小了持仓风险。一旦价格向上突破，那么英镑上涨空间惊人。图中仅仅两根大阳

图 12-3　GBP/USD——英镑快速回升

线，汇价波动空间就高达 142 点。

步骤 2：在汇价突破阶段，价格波动强度可以瞬间回升。在价格走势平淡的时候，投资者很难想象价格波动空间会瞬间增加。这样一来，针对价格上出现的异动，投资者只能以止损避免损失扩大。固定止损简单易用，可以明显减少投资者的操作损失。

2. 技术止损

技术面止损的方法，侧重价格突破支撑或者阻力后止损。在外汇交易中，投资者总是能够发现一些明显的支撑位和阻力位。如果自认为这些支撑位和阻力位比较可靠，那么可以将止损价设置在这些价位以外。当汇价穿越这些阻力位后，自动完成止损操作，避免损失进一步扩大。

步骤 1：图 12-4 显示，英镑的 1 小时 K 线图表明，价格顺利突破双底形态以后，汇价向上飙升空间高达 200 点。如果投资者已经考虑提前卖空英镑，那么双底形态被突破之时，也就是投资者止损的时刻了。

步骤 2：双底形态是可靠的反转形态，如果该形态被有效突破，那么投资者明显应该考虑止损了。该反转形态是价格走强的重要信号，也可以是投资者技术止损的重要看点。

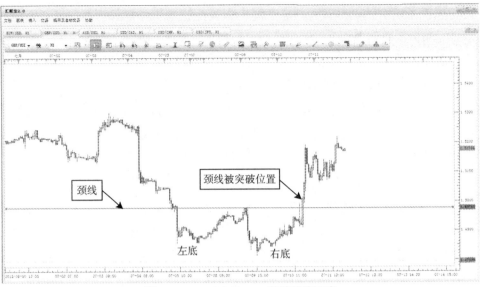

图 12-4　GBP/USD——英镑双底形态

步骤 3：汇价在向上突破双底形态以前，价格已经表现为明显的冲高回落走势。在这个时候，投资者可以考虑短线止损避免损失。不管价格是真实突破双底颈线，还是假突破双底颈线，投资者都应该当作止损的信号。

图 12-5　USD/CAD——跌破三角形止损

步骤1：图12-5显示，在美元的1小时K线图中，价格持续回落，明显跌破了三角形形态的下边，表明买涨的投资者可以根据三角形来止损了。三角形下边被跌破以后，汇价明确进入下跌趋势中，买涨投资者短线获利非常渺茫。倒不如根据三角形反转形态的确认来止损，避免资金遭受损失。

步骤2：反转形态可以有很多种，只要形态本身被确认，并且汇价已经突破反转形态，那么趋势就会在这个时刻形成。根据反转形态来判断止损位置，是比较有效的方式。这并不同于固定止损的方法。

步骤3：三角形反转形态中，三角形的下边支撑很强，但是汇价在持续下跌的过程中，很容易惯性跌破三角形形态。这个时候，投资者如果判断突破是有效果的，那么买单止损是最恰当的做法。价格最终在三角形下边上开始加速杀跌，下跌趋势形成。

3. 基本面止损

基本面止损的重要依据，是各国发布的经济数据，以及重要经济人物的话语。经济数据出现波动的时候，外汇价格会出现同样的变动。数据支撑着外汇价格的走势，也同样能够打压汇价。不管怎样，根据经济数据的真实状况，以及经济人物话语对基本面的影响，投资者都能够据此判断止损时间。

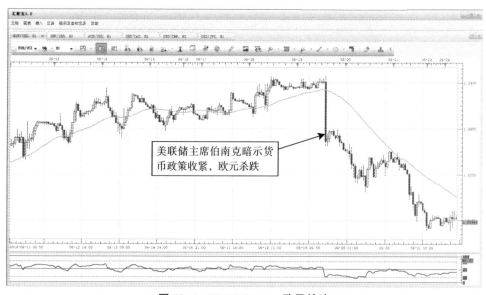

图12-6　EUR/USD——欧元杀跌

步骤1：图12-6显示，欧元高位杀跌的走势，受到了美联储主席伯南克讲话的影响。伯南克暗示如果经济持续企稳，将会缩减QE，那么紧缩政策的讲话对欧元明显形成利空。一根长达130点的下跌阴线，促使欧元快速进入下跌趋势中。

步骤2：虽然美联储主席伯南克的讲话，并不能很快改变经济走向，也不可能短时间内迅速进入紧缩货币政策，但是这种紧缩趋势的暗示，显然是不容忽视的。在欧洲还未从宽松货币政策中走出来的时候，美国率先进入紧缩状态，对欧元来说是重大利空。欧元从高位的1.3400开始杀跌，显然是受到了影响。

步骤3：从止损的角度分析，买涨的投资者无疑应该在这个时候开始止损了。价格运行趋势出现了明显的变化，投资者止损也是适应了基本面变化的正确操作。基本面止损的方式，能够改变投资者对价格预期的判断，并且在长时间内减小投资者操作错误的概率。

图12-7　EUR/USD——欧元飙升300点

步骤1：图12-7显示，伯南克讲话以后，市场再次进入兴奋状态。他说，美国的宽松货币政策还将得到延续，表明美元与欧元之间的利率差距明显降低，欧元受到支撑大幅度反弹，并且短时间内飙升300点以上。

步骤2：政策上的消息面因素，总是对汇价波动产生巨大影响，尤其是伯南克作为美联储主席这样的人物影响必然很高。欧元受到讲话影响得到提振，汇价快速飙升了 300 点，明确进入回升趋势中。

步骤 3：从消息面影响来看，至少短期看来欧元的强势不会出现变化。前期欧元下跌空间很高，并且是持续单边下挫的情况，而这个位置的欧元价格反弹，也是做空者获利回吐后真实反弹行情。

二、推损可增加盈利空间

在外汇交易中，扩大利润的最佳办法，是在恰当的时间里持仓并且延续这种获利趋势。在行情出现之时，价格累计波动空间总是比预想的要高一些。这样，也就为投资者扩大收益创造了条件。

止损在外汇交易中必不可少，但是价格单边运行的过程中，投资者总能获得更高的获利机会。事实上，价格单边运行的时候，止损价不应停留在原地不动。毕竟，投资者获得百点利润以后，并不情愿以亏损的状态平仓，这样只能在主动推损的过程中盈利了。

在买涨的情况下，主动推损的操作，是将止损价位向上移动，以便适应价格的回升趋势。当盈利空间达到一定程度后，投资者可以考虑推损。盈利空间可以设定在整数点，比如说获利 20 点的情况下推损。当然，也可以动态推损，总是将止损价位与现价维持在一定范围内。两者止损的方式各有利弊，却都能在行情出现时扩大获利空间。

从止损效果上来看，固定点数止损和动态止损各有千秋。

1. 固定点数止损避免错误推损

固定点数止损的做法，更像是粗线条的止损策略。在投资者已经获得利润的情况下，只有获利空间达到了预期目标，止损位才会被推进。没有达到获利空间之前，价格双向波动并不影响止损位置。这样，汇价波动空间很高的情况下，不会因为价格异常波动盲目"推损"。

实际操作中，盲目移动止损位危害很大。特别是在价格波动空间较高的时候，盲目移动止损位，投资者很容易被止损出局，减小连续获利的机会。

步骤 1：图 12-8 显示，当汇价上涨空间过大的时候，14 日 RSI 指标与汇价明显形成了顶部背离形态。投资显示，价格在高位背离以后，汇价下跌空间还是很高的。这个阶段，投资者可以考虑短线做空盈利。最佳的做空时机，出现在图

图 12-8 USD/CHF——背离卖点

中 A 位置。考虑到图中 A 位置距离美国纽约开市时机已经很近，投资者做空后很可能短时间就会处于盈利状态。

步骤 2：当投资者做空以后，可以将获利止损位置设置在距离图 12-8 中开仓位置高 30 点的价位。图中开仓价格是 0.9700，而止损价格可以设置在 0.9730 的点位。

步骤 3：考虑到汇价与 RSI 指标高位背离的信号非常明确，价格高位下跌以后，下跌空间必然会很高的。这样，投资者可以在可能获利的情况下向下推动止损位，以便在价格反弹的情况下成功止损获利。

向下推动止损的情况，可以设置在获利 50 点的时候。价格高位下跌的过程中，跌幅高达 50 点很容易出现。一旦获得 50 点的利润，就将止损位从高位向下移动 50 点，直到汇价的下跌趋势结束为止。

步骤 1：图 12-9 显示，英镑从高位回落下来的时候，价格跌幅已经高达 6个 50 点。累计跌幅高达 300 点的情况下，投资者如果成功向下推损 6 次，自然已经获得高达 250 点的做空回报。

步骤 2：图 12-9 中所示的 2 位置上，汇价出现了探底回升的下影线。这根下影线的长度显然已经超过了 50 点。这样一来，投资者的推损操作可能会在这个位置执行。汇价反弹的过程中，又会打到止损位置，使得投资者没有机会获得

图 12-9　USD/CHF——跌幅几乎达到 6 个 50 点

更高的回报。实战当中，投资者可以在价格打到止损后再次建立空单，以同样的方式做空，也可以获得利润。

步骤 3：价格波动并不总按照预期的方向发展，美元/瑞士法郎的汇价走势就是这样的。推动止损的空间太小，无助投资者扩大利润。推损的空间较大时，也会因此减小收益。根据价格变化的特征，合理设置推损空间，才能真正获得更多回报。

2. 动态点数止损更适合缓慢趋势

动态止损的操作策略，更适合价格连续稳定运行的情况。在明确的单边趋势中，汇价可能以持续单边运行的走势向前推进。这个时候，价格调整空间有限，而投资者如果已经获利，那么获利空间只能稳步回升。投资者采取动态止损的操作策略，不会因为价格调整空间过大，而出现被动平仓的情况。

第三节 趋势和获利空间比成功率更重要

一、顺应趋势操作，获利潜力回升

投资者在交易过程中，总能在顺势操作的时候轻松获利，却在反向操作的时候更容易遭受损失。顺势而为，是投资者获得利润的关键，也是长期获得稳定利润的前提。价格波动总是存在一定趋势，投资者要做的事情，就是要在自己的时间框架中找到这个趋势。

开仓获利并不是几次操作就能完成的事情，投资者可以首先确认汇价波动方向，然后考虑动用资金操作。从获利空间来看，顺势操作更容易获得较高回报。价格波动方向一旦确认，沿着趋势运行方向操作总是没有错误。在外汇买卖中，没有比趋势和获利率更重要的东西了。汇价波动空间有大有小，而顺势操作总能把握住价格波动空间较高的时段。获利空间有高有低，投资者尽可能地放大获利空间，才不会因为止损遭受损失。

从获利的角度来看，顺势操作放大了投资者做单成功率，必然增加投资者的获利空间。从每一次获利空间来看，投资者只有放大每一次获利的空间，才不会因为连续止损遭受损失。

这样，顺势操作明显具备了几点优势：

1. 减小错误操作数量

在顺势操作的时候，投资者最有可能持续获得利润，而不是频繁遭受损失。既然趋势已经得到确认，那么在趋势延续的时候顺势操作，投资者总能获得不错的回报。如果趋势较大，价格单边运行时间很长，顺势开仓总会在某一时刻获得利润，这并不难理解。

2. 避免频繁止损

如果投资者开仓方向是对的，那么价格反向运行的概率会减小，投资者就可以频繁止损了。止损虽然是必须的，但时间一长也会放大损失。在顺势操作的过程中，价格在更多的时间里向同一个方向运行，这就很容易避免做错方向的尴尬了。

3. 减少较大亏损情况

在汇价单边运行的时候，只要投资者的开仓方向顺应了趋势，那么价格再怎么波动，反向调整的空间不会很高。相比价格顺势波动的空间，调整只能在短时间内改变价格运行方向，而不会长期如此。在单边趋势中，投资者顺势操作，大幅度亏损的情况很难出现。

二、获利率总比成功率更有效

从单根 K 线上来看，虽然外汇价格波动空间很大，但是很不均衡地分布在不同时段。在价格波动强度高的时候，投资者开仓一定要保证获得相应的回报。在汇价波动空间不大的情况下，损失却不能过大。

在已经处于获利状态的投资者中，有一些人是以获利率取胜的，而另外的投资者则是以成功率取胜。

获利率取胜的投资者，看起来并不具备较高的成功率，却始终能够获得不错的利润。这是因为，获利率高的情况下，简单的一次获利就能弥补五次、十次甚至几十次的亏损。行情真正出现的时候，获利率高的投资者，能够更好地把握获利机会。当行情不好的时候，虽然频繁操作都遭受了损失，但累计损失空间总是不能与获利相比较。

以成功率取胜的投资者，在多数时间里获利空间都不会太高，但是却能在多数时间里做对方向。这样的投资者，可以做到在任何行情中都能赚一些利润，却在遇到不利的情况下，遭受很大损失。成功率高固然是好的，但是如果获利率不高的话，简单的一次亏损就会满盘皆输。很少的操作中如果放大了损失，就不得不用很多次的利润弥补资金缺口，这样做显然得不偿失。

三、成功率做不到的事情

在外汇保证金交易中，能够长期盈利的投资者，并不一定是高胜算的获利者，而善于把握价格波动大方向的投资者，成功率不一定很高，却能稳定盈利。高成功率可以使投资者享受无数次的获利的喜悦之情，却也会因为一次不经意的操作，遭受很大的投资损失。

高成功率的交易中，投资者可以连续获得利润。但是从稳定资金以及长期获利的角度来看，提高获利率更为有效。

外汇交易中，成功率不能做到的事情很多：

1. 不能避免投资者爆仓

成功率高的投资者，如果资金管理不当，也同样会出现爆仓的结局。这是因为，成功率越高，重仓操作的可能性越大。如果行情好的时候，重仓操作能获得丰厚利润，行情不好的时候，遭受损失就成为必然的结果。由于仓位较重，一次亏损可能让总资金遭受较大损失。即便投资者操盘成功率高达90%以上，连续那么几次较大的亏损操作，也足够达到爆仓状态了。

2. 不能保证总体盈利

成功率高是个优点，但是应该建立在有效获利的基础上。什么是有效获利呢，就是在不同的行情中，只要开仓就能获取大部分价格波动的利润，这样才是有效获利。只有达到这种境界，投资者的获利率也会提高，这样总资金必然会持续回升。如果获利率不提高，每次开仓虽然都能够获得一些收益，一旦出现错误操作，一次亏损就会损失很大。只能在开仓后获得行情中的少部分利润，这并不能保证投资者长期稳定盈利。

3. 成功率高、获利率低，是不敢获利的表现

典型的成功率高而获利效率低的投资者，是不敢盈利的表现。在获利的情况下，投资者更容易平仓手里的头寸，而在亏损的情况下，却无视损失继续持仓。不管怎样，合理成功率是必需的，但是获利率不高却很危险。

第四节　扁平型金字塔和尖顶型金字塔加仓

一、541 和 532 扁平型金字塔

在外汇交易中，投资者开仓买卖外汇的过程，不一定要一次性完成开仓的动作。如果汇价运行趋势按照预期的方向运行，投资者完全可以在几次操作中完成开仓的动作。即便在开仓的情况下，如果投资者已经获得不错的利润，并且汇价波动方向还是沿着预期的方向运行，投资者完全可以在短时间内继续加仓获得更

高的利润。这样，利用金字塔加仓方式开仓，就是比较好的一种做法。

正金字塔的加仓策略，就是说投资者在已经持仓的情况下，盈利之后继续加仓扩大投资收益的做法。这种加仓策略要求，投资者首次开仓数量总是最大的，而接下来的开仓数量只能一次比一次小。或者说，之后开仓数量只能等于第一次开始数量，或者小于前一次开仓数量，这样才能保证投资者更多的资金处于有效的盈利价位。即便在价格向不利于投资者的方向运行时，投资者也不会因此遭受损失。

在金字塔加仓做法中，投资者可以有不同的加仓方式。通常，从开仓资金的角度来看，加仓方式可以有 541 和 532 两种策略。

541 和 532 两种交易策略规定，投资者首次开仓数量如果是 5 的话，可以在接下来的第二次和第三次加仓中，分别加仓到 4 和 1 或者是 3 和 2。

实战的外汇交易中，投资者采取什么样的金字塔加仓策略，完全取决于投资者的盈利空间、风险承受能力以及对未来趋势的判断。

如果投资者的风险承受能力较强并且获得了较好的利润，可以在趋势延续的情况下加仓 4 和 1，当然也可以加仓 3 和 2。532 和 541 的交易策略的不同之处在于两者的加仓速度不同。541 的加仓策略中，投资者首次建仓数量如果是 5 的话，那么接下来的第二次和第三次应分别加仓 4 和 1，投资者短时间内加仓速度显然更快。因为 4 比 5 才小了 1，是比较迅速的加仓策略。如果是 532 的加仓策略的话，显然要比 541 的加仓策略要慢一些。虽然加仓 4 和 1 与加仓 3 和 2 达到的持仓效果是一样的，但却是不太一样的加仓。如果趋势运行比较好，那么 541 的加仓更好一些。如果趋势在缓慢延续，那么投资者可以采取 532 的加仓策略。

鉴于 541 和 532 的加仓策略是在三次开仓中完成的，开始数量为三次，而整体开仓数量较大，可以看作是扁平型的金字塔加仓策略。

在扁平型金字塔加仓策略中，投资者开仓比较集中，仅仅用了三次就完成了建仓动作。在这种加仓策略中，投资者需要关注的是，把握好加仓机会进行操作才行。三次集中开仓的操作，一定是在预期价格波动空间较大的前提下做出的。在 541 和 532 的加仓策略中，首次开仓数量都是 5，但是第二次开仓分别为 4 和 3，这种第二次开仓就建立很高仓位的做法，非常适合价格快速突破并且具备很高波动强度的情况。第二次加仓操作中，投资者分别完成了 1 和 2 的加仓数量，便是在趋势明显加速的情况下，投资者进行尾部阶段加仓的结果。

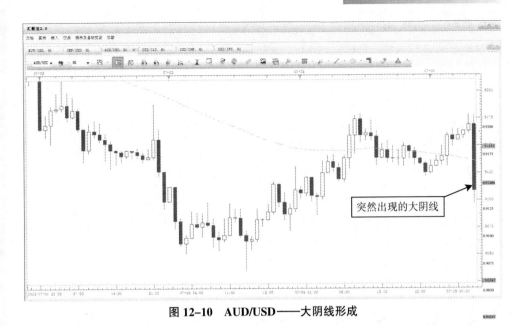

突然出现的大阴线

图 12-10　AUD/USD——大阴线形成

步骤 1：图 12-10 显示，澳元的 1 小时 K 线图表明，一根很长的大阴线快速跌破了顶部，成为投资者做空的重要起始点。从大阴线开始，投资者做空速度显然应该很快提高才行。价格下跌效率很高，如果没能把握前几根 1 小时 K 线的跌幅，继续等待只能浪费做空机会。

第二根下跌阴线确认跌势

图 12-11　AUD/USD——连续两根下跌大阴线

步骤2：在大阴线出现之前，或者说大阴线已经开始出现的过程中，投资者做空数量可以是5手。当然，5手只是为了方便分析，投资者可以随意设置做空数量，接下来的做空数量就与首次做空的仓位有关了。因为是扁平型金字塔的做空方式，那么接下来的做空资金可以分别是4手和1手或者分别是3手和2手。

步骤1：图12-11显示，澳元的1小时K线图表明，汇价从高位下跌以来，连续形成了两根阴线。图中两根阴线的下跌幅度很大，成为做空的重要信号。

步骤2：首次出现一根大阴线以后，投资者便可以考虑做空了。既然是扁平型金字塔的做空方式，投资者可以考虑在价格首次出现大阴线的时候，完成第一个5手做空。接下来的第二根阴线完成4手、1手或者是3手和2手的做空。汇价跌幅较大，下跌速度也很快，两根下跌阴线基本应该完成了541或者532的建仓过程。

步骤3：汇价短时间连续大跌以后，价格还存在惯性下挫的情况。特别是连续两根大阴线以后，澳元短时间内快速反弹的可能性不高，投资者在这个时候完成了541或者532的做空过程，必然在接下来的时间里快速获利。汇价下跌过程很快，投资者短时间很快就会盈利。

图12-12　AUD/USD——大跌后汇价缓慢见底

步骤1：图12-12显示，澳元见底的速度很慢，持续两根大阴线以后，价格在连续 1 小时 K 线以后才开始逐步反弹上涨。这个时候，投资者可以看到图中明显的小 K 线的回落形态。虽然价格跌幅不大，却依然为投资者提供了做空利润。在金字塔建仓的过程中，541 和 532 两种建仓方式，都能够在价格回落的过程中获得利润。

步骤 2：在汇价快速波动的过程中，价格短时间内下跌空间很大，投资者采取扁平型的建仓方式，是适应价格波动的建仓模式。如果建仓时间过长，并且投资者的建仓次数过多，都不利于把握短时间的做空机会。

步骤 3：在扁平型的建仓模式中，首次建仓的 5 非常关键。在接下来的第二次和第三次建仓中，关键只要考虑在已经获利的情况下开仓。如果投资者处于获利状态，那么短时间内开仓的风险就小多了。获利状态的时候，投资者有足够的资金用于止损。即便价格短线反弹上涨，投资者也不会因此遭受很大损失。当然，从操作形态上来看，541 和 532 的扁平型金字塔建仓模式，有助于投资者稳定情绪并且获得利润。

二、32211、32111、31111 和 21111 尖顶型金字塔

在加仓策略中，投资者可以在 541 和 532 的加仓方式中完成，当然可以将加仓时间拉长。如果投资者预期汇价单边运行时间很长，并且价格波动空间很大，那么可以采取 32211、32111、31111 和 21111 的加仓方式完成。这几种加仓方式中，加仓次数都在四次，是拉长了加仓次数的加仓手法。

与 541 和 532 的扁平型加仓策略相比较，32211、32111、31111 和 21111 的加仓策略是尖顶型的金字塔加仓策略。加仓次数越多，投资者持仓数量也越多。总体来看，尖顶型的加仓策略中，投资者每次加仓数量是均衡的。例如 32211 的加仓策略中，首次开仓数量为 3，最后一次开仓数量为 1，两者仅仅相差 2。21111 的加仓策略中，首次开仓位 2，接下来的开仓数量都为 1，2 与 1 的差距还是很小的。

尖顶型的加仓策略，适用于汇价出现中长期价格走势的阶段。如果从中长期来看，价格出现了持续单边行情，那么投资者在已经建仓并且盈利的情况下，可以在接下来的时间里继续加仓获得利润。尖顶型的加仓策略持续时间很长，适合投资者持续有效加仓策略实施。

尖顶型的加仓策略应该满足以下三个条件：

1. 投资者已经建仓并且获利

投资者已经完成了建仓并且获得利润，才能考虑加仓的动作。在没有获利之前，加仓是不能执行的操作。投资者在已经获利的情况下，抗风险能力加强，顺势加仓可以继续获得利润。尤其是在倒金字塔加仓策略的指引下，投资者就能够完成这样的盈利过程。

2. 汇价处于单边趋势

在投资者建仓完成后，汇价必然处于单边趋势才行。当汇价脱离反转形态以后，单边趋势就会缓慢形成。这个时候，也正是投资者开仓盈利的机会。在接下来的时间里，汇价沿着单边趋势运行，投资者便可以完成加仓动作了。

3. 汇价单边趋势很强

汇价处于单边趋势，是投资者顺势加仓的重要依据。投资者首次建仓以后获得了投资利润，并且接下来的趋势能够延续，才能考虑加仓。单边趋势持续时间越长，投资者加仓越有可能获得高额回报。并且，投资者每次加仓以后单边趋势越是强势，投资者加仓以后获利空间越高。

图 12-13 USD/CAD——汇价进入下跌趋势

步骤 1：图 12-13 显示，美元/加元的 1 小时 K 线图表明，价格已经在两根大阳线后明显进入下跌趋势中。从图 12-13 中汇价波动情况来看，价格连续下跌，并未出现任何的反弹。可见，投资者在这个时候做空是不错的机会。

步骤2：汇价下跌趋势明显，投资者可以考虑在价格持续回落的过程中增加做空资金。具体来看，可以使用尖顶型的金字塔建仓模式完成开仓过程。尖顶型的开仓策略中，投资者可以考虑的加仓策略有32211、32111、31111和21111。这几种加仓策略，都涉及5次加仓过程。在汇价加速运行之前，投资者应该至少完成2~3次建仓过程。这样，才能在汇价加速运行的时候获利。剩余的两次建仓过程，是在已经获利的情况下，冒着较大持仓风险的做空操作。

步骤3：在汇价持续走低的过程中，投资者能够做空的位置，可以在价格跌破前期低点以前。既然是连续5次加仓，那么价格还未跌破前期低点以前，就应该完成这三次加仓动作了。前三次的加仓动作，是非常重要的盈利单。如果前三次的加仓没有占据理想的卖点，那么接下来的操作很可能就会遇到麻烦。

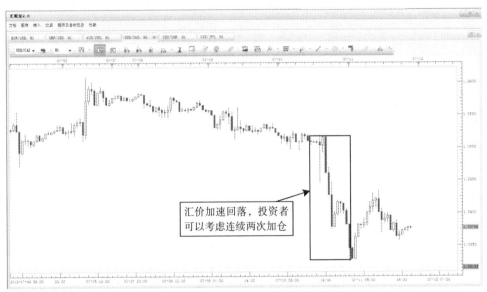

图 12-14　USD/CAD——汇价快速杀跌

步骤1：图12-14显示，美元/加元的1小时K线图表明，价格持续回落的过程中，明显出现了加速杀跌的走势。连续出现几根下跌阴线，汇价很快见底。在价格加速回落的时候，投资者前期三次开仓已经有所收益。接下来的时间里，价格继续快速杀跌的时候，投资者可以在获利的过程中再加仓两次，继续有效放大做空利润。

步骤2：在尖顶型加仓模式中，虽然投资者连续5次加仓，之后的加仓量并不大。按照32211、32111、31111和21111模式，最后两次加仓数量仅占总仓位的22%、25%、28%、33%。这样的话，投资者的持仓重心显然处于价格高位，这有助于投资者获得利润。

步骤3：从获利潜力来看，后续加仓资金占总资金的比例越小，投资者的做空获利越多。与此同时，在率先增加做空资金的情况下，投资者也可能因此遇到很大的持仓风险。资金虽然以尖顶型金字塔的形式加仓，但总体分布均匀，这样做能够减小持仓风险，却也降低了获利潜力。

附录 外汇交易术语汇编

保证金

保证金是一种履约保证，开仓时必须投入一定比例的资金作为订单持有的证明。在格霖金融交易伦敦银行的单笔最低保证金为 32.5 美元，伦敦金的单笔最低保证金则是 50 美元。保证金容许投资者可以持有比账户价值要高的仓位。

保证金比例

保证金比例=净值÷已用保证金。当保证金比例低于 30%，系统将会进行强制平仓。

本地伦敦金

本地伦敦金市场的交易制度全部仿照伦敦金现货黄金市场，市场采用对敲买卖形式，由交易商根据其买卖盘情况不断地报价，直接与客户进行交易。本地伦敦金以美元/盎司报价，标准合约单位为 100 盎司/手。

仓位修改

当前仓位的修改是附在止损和获利的基础上的。

持仓过夜

所有过夜的持仓单，必须按格霖金融规定的利率支付，并在第二天的结算时间后显示在交易平台"终端—交易"的"利息"栏中。

点差

点差指的是交易商品的买价和卖价之间的差价，是投资者的交易成本，并且是本公司的利润来源，点差有可能因为市场的剧烈变化而改变。

订单类型

订单是交易商提供执行交易的指令。客户终端包括以下几种类型的订单：市价成交、挂单交易、止损/获利以及追踪止损。

多头/空头

尚未进行对冲处理"买升"的合约数量，买入合约即处于多头头寸，同时也称"做多"。卖出合约则是空头头寸，也称"做空"。

平仓

通过卖出（买入）一笔数量相等的合约交易来了结先前所买入（卖出）的交易。即买入建仓的订单是以卖出价进行平仓；而卖出建仓的订单则以买入价进行平仓。

强制平仓

交易账户持有人账号内没有足够的可用保证金，当账户中的保证金比例到达或低于30%时，系统将对账户持有人的持仓单按亏损金额最多的订单进行强制平仓操作，直至保证金比例恢复高于30%。

市场报价

交易平台的"市场报价"窗口包括了"商品列表"和"即时图"两个标签；商品列表标签显示了各项商品和商品最新报价，而当在商品列表点选商品并切换至"即时图"即可查看该商品的即时走势。

市价成交

以商品最新报价进行交易，必须于可成交范围内执行。若商品价位波幅剧烈导致价位超出可成交范围，交易指令便无法执行。

头寸

头寸是一种市场约定，承诺买卖合约的最初部位，买进合约者是多头，处于盼涨部位；卖出合约为空头，处于盼跌部位。

图表

图表是一种金融商品价格动态的图表模型。图表包含多样的功能，分别包括：画线分析、技术分析、智能交易以及自定义指标。

挂单交易

挂单交易指的是客户可以自行设定一个预期的成交建仓价格，当市场报价到达客户设定的价位时，系统便自动执行该交易指令。挂单指令有效期最长为一个交易周。挂单分为以下四种：

限价买单（Buy Limit）：是指相对市价而言，目标价位低于当前市场报价的买进操作指令。

止损买单（Buy Stop）：是指相对市价而言，目标价位高于当前市场报价的买进操作指令。

限价卖单（Sell Limited）：是指相对市价而言，目标价位高于当前市场报价的卖出操作指令。

止损卖单（Sell Stop）：是指相对市价而言，目标价位低于当前市场报价的卖出操作指令。

已用保证金

已用保证金指所有用于建仓而被冻结使用的保证金总和。

止损价

止损价是一种保护机制，指当某一投资出现的亏损到达设定的止损价时，系统自动执行指令及时斩仓出局避免形成更大的亏损。目的在于即使投资失误该止损点也会把损失限定在较小的范围内。

汇率

一种货币相对于另一种货币的价格，以欧元对美元的报价为例，欧元/美元 1.4100/1.4103。所有的货币报价都是 5 位数意思就是 1 欧元等于 1.4101 美元或者 1.4103 美元。

交叉盘，交叉汇率

简单地讲，不含有美元的货币对就是交叉盘货币对。

在国际市场上，几乎所有的货币兑美元都有一个汇率。一种非美元货币对另外一种非美元货币的汇率，往往就需要通过这两种对美元的汇率进行套算，这种套算出来的汇率就称为交叉汇率。

点

表示汇率的最小移动单位，正常情况下一个基点，就是汇率报价中的第五位也就是最后一位（在欧元/美元、美元/瑞士法郎货币对中为 0.0001，而在美元/日元货币对中为 0.01）。点表示汇率的最小移动单位，正常情况下一个基点，就是汇率报价中的第五位也就是最后一位（在欧元/美元、美元/瑞士法郎货币对中为 0.0001，而在美元/日元货币对中为 0.01）。

点差

买入价和卖出价之间的差值就是点差；不同的币种不同的交易平台是不同的，点差是我们的交易成本。

头寸

我们买进做多或者卖出做空一种货币，就是持有了这种货币的头寸。

平仓

正如，我们在商品交易的过程中，购进一个商品，必须要等这个商品价格上涨后我们卖出，才能获利。如果不卖出的话，无论市场价格怎样上涨，我们都无法获利。外汇市场也一样。我们买入一种货币必须要在价格上涨后卖出才能获利，或者我们卖出一种货币，必须要等价格下跌时再补回，才能获得这个差价利润。这个了解头寸的过程就是平仓。

做多

交易者预期未来外汇市场价格将上涨，我们可以把汇价看作一个数，如果我们预测这个数会变大，就以目前的价格买进一定数量的货币，待一段时间汇率上涨后，以较高价格平仓，从而赚取利润，这种方式属于先买后卖交易方式。

做空

交易者预期未来外汇市场的价格将下跌，我们可以把汇价看作一个数，如果我们预测这个数会变小，就按目前市场价格卖出一定数量的货币，等价格下跌后再平仓，从而获取高价卖出、低价买进的差额利润，这种方式属于先卖后买的交易方式，就是做空。

止损

止损就是用系统工具把损失控制在一个自己可以接受的范围，比如现在欧元/美元 1.4100/1.4103，我们以 1.4103 做多单。可以在交易时设置：当价格如果没有如预想的上涨。反而跌到 1.4050 的话，就平仓。这个指令输入后，当价格如果真的落到 1.4050 时，系统自动平仓，这就是止损。

止盈

止盈就是用系统工具把盈利控制在一个自己可以接受的范围，比如现在欧元/美元 1.4100/1.4103，我们以 1.4103 做多单。可以在交易时设置：当价格如预想的上涨到 1.4200，就获利平仓。这个指令输入后，当价格真的涨到 1.4200 时，系统自动平仓，这就是止盈。

合约

我们每次交易不是随意买卖任何数量的货币。按照国际惯例，有一定的标准。比如对于直盘的欧元对美元、英镑对美元、美元对日元、美元对瑞士法郎来说，一个标准合约是 10 万单位前边的货币。对于英镑对美元来说就是 10 万单位英镑。对于美元对日元来说就是 10 万单位美元。具体交易的时候还有 0.1 个标准合约。就是 1 万单位，也叫迷你手。

杠杆

我们可以看到，如果我们买卖一个标准合约，例如，要交易 100000 单位的美元/日元 USD/JPY，传统上说，交易者需要 100000 美元，因此外汇交易曾经只是具有极大资金客户的交易产品，但是，现在交易商们对所有客户提供保证金交易和杠杆交易的模式。客户们只需极小一部分资金就可以交易可观的交易量。如果利用 100∶1 的杠杆，交易者只需 1% 的钱，就是 1000 美元就可以买卖一个标准合约，当然虽然我们的交易货币的量放大了，盈亏同时也放大体现在我们账户里。

爆仓

当我们账户里除了已经使用的保证金外，剩余的钱也就是可用保证金为零的时候，就爆仓，也就是强行平仓，所有单子会被平掉，账户里还剩下已经使用的保证金。

对冲

两个方向相反的同币种的头寸就是对冲，如果下了对冲单，无论行情怎样波动，盈亏都是不变的。